Melanie Schüer
Finger weg – nur für Mädels!

Über die Autorin

Melanie Schüer ist Erziehungswissenschaftlerin und freie Autorin, unter anderem für die Zeitschrift „Family". Sie berät Eltern von Babys und Kleinkindern mit Schlaf- und Schreiproblemen sowie Schwangere (www.neuewege.me) und absolviert ein weiterbildendes Studium zur Kinder- und Jugendlichenpsychotherapeutin. Melanie Schüer ist verheiratet und hat zwei Kinder.

Melanie Schüer

FINGER WEG!
Nur für Mädels

music

Alles, was du wissen musst

♪ *live*

GerthMedien

la-la

VOLUME

INHALT

LOS GEHTS!

Ein erster Blick in Leonies Tagebuch

Hey du,

schön, dass du reinschaust! Ich heiße Leonie, bin 15 Jahre alt und schreibe seit einigen Jahren Tagebuch. Mir hilft das einfach voll, meine Gedanken zu ordnen und alles irgendwie klarer zu sehen, wenn ich mich innerlich mal wieder total chaotisch fühle. Diese Gefühle kennst du sicher, wenn du selber gerade in der Pubertät bist ... Es ist wahnsinnig aufregend und gleichzeitig total anstrengend und manchmal auch einfach nur megaätzend!

Als Kind macht man sich so wenige Gedanken, man lebt einfach vor sich hin. Und dann, plötzlich, sind da all diese verrückten Gefühle; der Körper verändert sich und sieht wie ein ziemlich merkwürdiges Zwischending zwischen Mädchen und Frau aus, man muss sich mit Tampons und Binden herumärgern, und dann ist da noch die Sache mit den Jungs ... Erste Liebe, Liebeskummer, Küsse, Sex ... wie geht man damit um? Und wann ist was okay? Und wie ist das eigentlich mit Selbstbefriedigung?

Naja, und weil ich also weiß, wie verwirrend das alles ist, dachte ich, ich erlaube dir hier mal ein paar Einblicke in mein Tagebuch. Außerdem darfst du meinen ziemlich intimen Gesprächen mit Mara lauschen. Mara ist schon 23 und leitet meine Jugendgruppe. Sie ist supernett und locker drauf, und mit ihr spreche ich oft, wenn ich Fragen habe. Sie hat vor Kurzem geheiratet und kennt sich somit mit allem bestens aus. Klar rede ich auch mit meiner Mama, aber manche Themen möchte ich lieber mit Mara besprechen. Vor allem weil meine Mama seit zehn Jahren geschieden ist, und ich das Gefühl habe, dass sie sich an die Schmetterlinge im Bauch nicht mehr so gut erinnern kann wie Mara ...

Na ja, jedenfalls findest du hier einen Live-Einblick in mein Leben und meine Erfahrungen mit dem Erwachsenwerden. Bestimmt wirst du vieles wiedererkennen und auch einige Antworten auf Fragen finden, die dir unter den Nägeln brennen!

Viel Spaß beim Lesen!
Deine Leonie

Leonies Tagebuch

Liebes Tagebuch,

heute bin ich vor dem Kleiderschrank mal wieder fast verzweifelt. Ich habe einfach nichts gefunden, worin ich einigermaßen gut aussehe! Meine Brüste wachsen wieder ein wenig und haben gerade eine total seltsame Form. Ich bin Mama echt dankbar, dass sie mir den Tipp mit wattierten BHs gegeben hat. So zeichnen sich nicht ständig die Nippel unter den Oberteilen ab, damit habe ich mich echt unwohlgefühlt!

Aber trotzdem beneide ich meine Freundinnen, die alle eine runde Brustform haben – und nicht so ein Zwischending wie ich. Außerdem finde ich, dass mein Po ziemlich dick geworden ist, und die Haare auf den Beinen werden nun auch mehr. Da muss ich unbedingt mal Mara fragen, welcher Rasierer da am besten ist.

Und dann immer dieses Geblute! Neulich hatte ich in der Schule meine Tage bekommen und dummerweise nichts dabei! Das war so unglaublich schlimm und peinlich! Mir blieb nichts anderes übrig, als mir ganz viel Klopapier in den Slip zu legen und das in jeder Pause zu wechseln. Trotzdem hatte ich einen kleinen Fleck an der Hose – ich habe mich echt in Grund und Boden geschämt! Warum muss immer MIR so was passieren? Ab jetzt schaue ich jeden Morgen, ob ich noch eine Binde in meiner Schultasche habe!

Bis vor Kurzem hatte ich wenigstens immer schöne, reine Haut, aber das ist jetzt offenbar auch vorbei. Seit ein paar Wochen sprießen die Pickel auf meiner Stirn, und ich fühle mich richtig hässlich, wenn ich in den Spiegel schaue. Es tröstet mich ein wenig, dass die meisten anderen Mädels das gleiche Problem haben – und die Jungs ja auch. Aber trotzdem: Wenn einem beim Blick in den Spiegel so ein fetter, leuchtend roter Pickel entgegenblinkt, fühlt man sich echt alles andere als cool und selbstbewusst!

Wenn ich Mara ansehe, weiß ich wenigstens, dass das alles nur vorübergehend ist. Sie ist jetzt richtig zufrieden mit ihrem Aussehen und ihre Haut ist auch okay. „Da müssen wir alle durch!", hat sie gesagt, „aber es sind nur ein paar Jahre. Dann spielt sich das alles ein und du kommst so richtig in deinem Körper an."

Dumm ist nur, dass das noch einige Zeit dauern kann – und ehrlich gesagt würde ich mich gern jetzt schön finden, weil es da einen Jungen in der Parallelklasse gibt, den ich ziemlich süß finde. Manchmal kommt es mir so vor, als wenn er mich geheimnisvoll anblickt … als wenn er mich anders ansieht als die anderen Mädels. Aber vielleicht bilde ich mir das alles auch nur ein. Nächste Woche feiert Paula ihren Geburtstag und ich habe gehört, dass er auch kommt. Hoffentlich ist dieser Riesenpickel auf der Stirn bis dahin verschwunden!

Coco und ich haben schon überlegt, wie wir uns für die Party stylen. Jana und Tina werden bestimmt wieder ihre Miniröcke und Push-up-BHs unter Tops mit tiefen Ausschnitten anziehen – und Coco war neulich mit ihnen shoppen und überlegt jetzt, da mitzuziehen … Aber meine Eltern sind total dagegen und irgendwie kann ich sie verstehen. Ich meine, warum soll man sich so billig darstellen? Warum soll man die Jungs unnötig heiß machen? Mara sieht das genauso: „Nacktheit ist etwas sehr Besonderes - ich finde, das sollte man nicht jedem präsentieren. Oberflächlich gesehen ist es vielleicht heiß, wenn man so aussieht. Aber richtig sexy sind Frauen eigentlich erst, wenn es für die Männer auch noch einiges zu entdecken gibt, wenn Frauen nicht allen schon fast alles zeigen." Mara sagt, dass es für die Jungs eh schon schwierig genug ist mit ihren Hormonen und den ungewollten Erektionen, die manchmal für sie echt peinlich seien. Und wenn Frauen und Mädchen megakurze Röcke oder tiefe Ausschnitte tragen und sich dann beschweren, dass die Jungs ihnen nur auf die Titten starren, sei das irgendwie lächerlich. Das finde ich auch. Und Mara meinte dann noch, dass sogar wir Mädels hinschauen, wenn wir nackte Haut sehen. Aber dass das nicht heißt, dass Frauen schuld sind, wenn Männer sie anfassen, obwohl sie das nicht wollen - auch dann nicht, wenn sie knapp bekleidet sind. Aber Mara findet es trotzdem fair, die Jungs und Männer nicht unnötig verrückt zu machen.

Ja, das sehe ich auch so. Ich will cool aussehen, aber mit Stil! Und diesen Stil, den muss man erst mal für sich selbst finden. Das ist echt alles andere als einfach ...

In der Pubertät verändert sich dein Körper – aus einem Mädchenkörper wird ein Frauenkörper. Das passiert natürlich nicht von heute auf morgen, sondern in vielen kleinen Schritten. Deshalb fühlst du dich vermutlich auch manchmal seltsam, weil dein Körper in einem Zwischenstadium ist – und weil diese Veränderungen mit einem Hormonchaos verbunden sind, wodurch du dich öfter ziemlich verwirrt fühlst.

Körperpflege

Leider führen die hormonellen Veränderungen auch dazu, dass deine Haut für eine gewisse Zeit eher unrein ist und manchmal vor Pickeln und Mitessern nur so sprießt… Aber du kannst deine Haut unterstützen, indem du eine milde, reinigende Waschlotion mit dem pH-Wert 5,5 und eine nicht fettende Creme gegen Pickel benutzt. Am besten lässt du dich in der Apotheke oder beim Arzt beraten. Hilfreich ist es auch, möglichst wenig Make-up zu benutzen, um die Poren nicht zusätzlich zu verstopfen, und dein Gesicht, wenn du dich geschminkt hast, abends immer sorgfältig abzuwaschen, damit die Haut gut atmen kann. Gute Ernährung wirkt ebenfalls Hautproblemen entgegen – also nicht zu viel Zucker und ungesunde Fette, wie sie in Fast Food, Chips, Schoki und Keksen zu finden sind, sondern viel Gemüse, Obst und Wasser statt gesüßten Getränken.

Versuche einen Sport zu finden, der dir gefällt – dabei kann man wunderbar Stress und Frust abbauen, denn Bewegung löst Glückshormone aus und fördert ganz nebenbei eine gute Figur.

Mit dem Erwachsenwerden wird auch die Behaarung stärker, vor allem unter den Achseln, im Schambereich und an den Beinen. Viele Mädchen und Frauen rasieren sich die Haare an den Beinen und unter den Armen – das geht mit einem elektrischen Rasierer oder unter der Dusche mit einem Nassrasierer und Rasierschaum. Letztlich ist aber entscheidend, womit du dich wohlfühlst. Das gilt auch für die Schamhaare: Es gibt Frauen, die diese wachsen lassen, andere rasieren alles oder fast alles weg. Wenn alles wegrasiert wird, kann das aber die empfindliche Haut sehr reizen. Ein Kompromiss kann daher zum Beispiel sein, nur mit einer Schere vorsichtig die Haare kurz zu schneiden. Es gibt hier kein „richtig" und kein „falsch" – probiere aus, wie und womit du dich wohlfühlst!

Die rote Welle – wenn die Menstruation einsetzt

Die erste Regelblutung kündigt sich oft durch einen weißen Ausfluss aus der Scheide, den sogenannten Weißfluss, an. Wenn du diesen Vorboten bemerkst, ist das ein Hinweis darauf, dass die weiblichen Hormone, die Östrogene, in deinem Körper so richtig aktiv werden. Es kann aber durchaus sein, dass die Regelblutung noch eine ganze Weile auf sich warten lässt.

Mit Blick auf die Menstruation ist es gut, wenn du ab dann immer eine Binde oder einen Tampon dabeihast. Wenn du die Regelblutung schon hast, sie aber noch sehr unregelmäßig ist, kann es auch helfen, wenn du einfach eine Weile immer Slipeinlagen trägst – als Schutz vor bösen Überraschungen. Meistens ist die Blutung am ersten Tag noch sehr schwach, sodass eine Slipeinlage als Schutz ausreicht.

In deinem Körper wird normalerweise einmal im Monat ein Ei vom Eileiter aufgefangen, in dem es dann in Richtung Gebärmutter transportiert wird. Falls die Eizelle auf diesem Weg von einem Spermium (also einer Samenzelle) befruchtet wird, kann sie sich in der Gebärmutter einnisten und zu einem Embryo heranwachsen. In der Gebärmutter wird jeden Monat ein „Nest" für das mögliche neue Leben in dir vorbereitet: Die Gebärmutterschleimhaut wird aufgebaut, damit eine Einnistung stattfinden kann.

Der erste Eisprung findet vor der ersten Regelblutung statt. Das bedeutet, du kannst schon schwanger werden, bevor du das erste Mal deine Menstruation hast! (Mehr zu diesem Thema findest du unter „Verhütung" auf Seite 61 f.) Wenn keine Befruchtung stattfindet, wird die Eizelle gemeinsam mit der überflüssigen Gebärmutterschleimhaut vom Körper abgestoßen – das ist die Blutung, die einmal im Monat stattfindet.

„Zyklus" nennt man den Zeitraum vom ersten Tag der Regelblutung bis zum letzten Tag vor der nächsten Regelblutung. Durchschnittlich beträgt dieser Zeitraum 28 Tage plus minus 3 Tage. Sollte dein Zyklus kürzer oder länger sein, wende dich am besten an deine Gynäkologin. Gerade in den ersten Jahren der Menstruation ist es aber ganz normal, dass die Blutung oft noch unregelmäßig ist.

Ob Tampons oder Binden angenehmer sind, muss jedes Mädchen selbst herausfinden. Tampons haben den Vorteil, dass seltener etwas

„danebengeht" und dass man mit ihnen auch schwimmen gehen kann. Tampons sollten, je nach Stärke der Blutung, alle drei bis sechs Stunden gewechselt werden; morgens auf jeden Fall direkt nach dem Aufstehen. Vor dem Wechseln sollte man sich gründlich die Hände waschen. Außerdem sollten Tampons immer in der Folie originalverpackt sein und nicht lose transportiert und dann verwendet werden, um die Risiken des sogenannten Toxischen Schocksyndroms (TSS) zu reduzieren.

Viele Mädchen und Frauen verwenden Binden *und* Tampons: Binden in der Nacht (dafür sind meist größere Binden mit Flügeln sinnvoll) und tagsüber, wenn problemlos Toiletten zu erreichen sind. Und Tampons in Situationen, wo man sich absolut sicher fühlen will (zum Beispiel bei sehr intensiven Sportarten, beim Schwimmen oder einem wichtigen Termin) oder wenn die Menstruation gerade sehr stark ist.

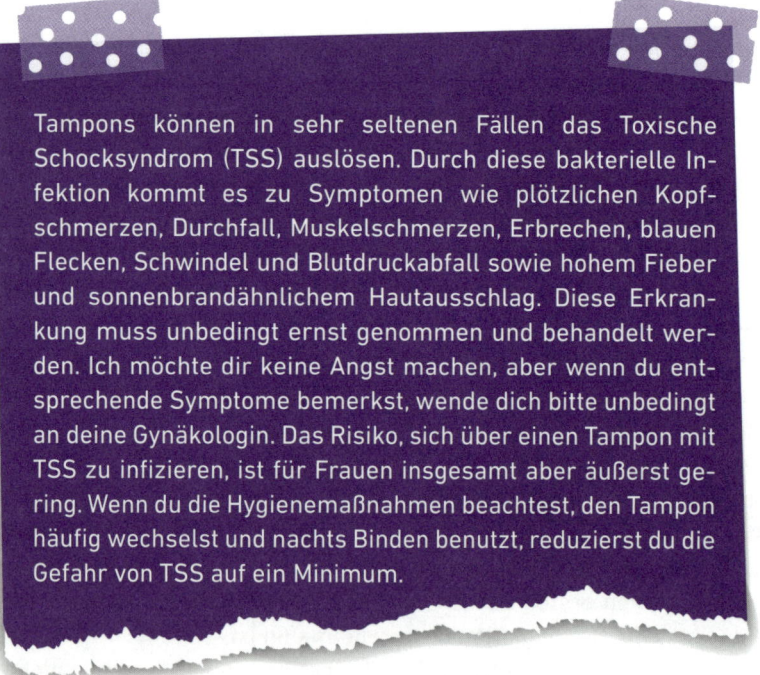

Tampons können in sehr seltenen Fällen das Toxische Schocksyndrom (TSS) auslösen. Durch diese bakterielle Infektion kommt es zu Symptomen wie plötzlichen Kopfschmerzen, Durchfall, Muskelschmerzen, Erbrechen, blauen Flecken, Schwindel und Blutdruckabfall sowie hohem Fieber und sonnenbrandähnlichem Hautausschlag. Diese Erkrankung muss unbedingt ernst genommen und behandelt werden. Ich möchte dir keine Angst machen, aber wenn du entsprechende Symptome bemerkst, wende dich bitte unbedingt an deine Gynäkologin. Das Risiko, sich über einen Tampon mit TSS zu infizieren, ist für Frauen insgesamt aber äußerst gering. Wenn du die Hygienemaßnahmen beachtest, den Tampon häufig wechselst und nachts Binden benutzt, reduzierst du die Gefahr von TSS auf ein Minimum.

Wenn du während der Menstruation Schmerzen hast, gönn dir Ruhe. Lege eine Wärmflasche auf deinen Bauch und atme tief durch die Nase ein und lange wieder aus. Frauenmanteltee hilft gegen die Krämpfe. Bei stärkeren Beschwerden kann auch Mönchspfeffer sinnvoll sein – am besten mal den Arzt oder Apotheker fragen, ob diese naturheilkundlichen Medikamente für dich sinnvoll sind.

In seltenen Fällen kann es sinnvoll sein, die Pille einzunehmen, jedoch nur nach sorgfältiger Abwägung von möglichen Risiken (wie Thrombose und vermindertem Knochenaufbau) und wenn andere Alternativen erfolglos waren. Sprich einfach mit deiner Frauenärztin darüber, wenn du bei starken Menstruationsbeschwerden keine Linderung der Schmerzen verspürst, und frage sie, welche Möglichkeiten sie dir empfehlen kann. Es gibt auch pflanzliche Mittel, die helfen können.

Unwohlsein und Hormonchaos

Wenn du dich unwohlfühlst, denk daran: Dein Körper erbringt gerade Höchstleistungen! Du befindest dich mitten in einem riesigen Verwandlungsprozess, in dem sich Mädchen manchmal wie ein hässliches Entlein fühlen. Aber in dir steckt ein wunderschöner Schwan, der nur etwas Zeit und eine positive Einstellung braucht, um zum Vorschein zu kommen! In Psalm 139 heißt es, dass Gott dich schon im Mutterleib geformt hat. Er hat dich gemacht und findet dich unfassbar wertvoll!

In deinem Körper finden gerade heftige Veränderungen statt, sei deshalb geduldig mit ihm, wenn er sich eine Weile nicht von seiner besten Seite zeigt. Versuche Pickel, Schweiß und andere körperliche Ärgernisse locker zu sehen – als etwas, das jetzt einfach dazugehört.

Tu dir was Gutes: Genieße ein warmes Bad oder eine Dusche mit einem toll duftenden Gel. Probiere Frisuren, die dir gut stehen, und suche dir Kleidung aus, in der du dich wohlfühlst. Und vergiss nicht: Die Pubertät ist chaotisch, ja. Doch das geht vorbei! Dein Körper wird sich wieder beruhigen – lass ihm einfach ein wenig Zeit!

Auch wenn du mal bedrückt oder schlecht gelaunt bist, und nicht so richtig weißt, warum eigentlich, ist das nicht gleich ein Grund zur Sorge. Denn die Hormone spielen einfach manchmal verrückt. Wenn du aber über eine längere Zeit nur noch traurig und in schlechter

Stimmung bist, könnte es sein, dass du eine Depression entwickelt hast oder auf dem Weg dahin bist. Bleibe damit nicht allein! Suche dir Unterstützung von einer Therapeutin oder in einer psychologischen Beratungsstelle. Dort lernst du Strategien und Tipps, damit es dir bald wieder besser geht.

Auch wenn du ungewöhnlich starke Ängste hast, die dich belasten und einschränken, gibt es Hilfe.

Eine Übersicht zu Hilfsangeboten findest du am Ende des Buches.

Klamotten – eine Frage des Geschmacks?

Wenn du in der Pubertät bist, wird das Thema Kleidung für dich immer wichtiger werden. Viele Jugendliche legen viel Wert auf Markenklamotten – und das kann ziemlich Druck machen, wenn man sich das selbst nicht leisten kann. Dabei gibt es auch superschöne Kleidung ohne teures Markenlabel. Oft bekommt man günstige Kleidungsstücke auch auf Flohmärkten, Tauschbörsen oder online auf Kleiderkreisel, bei Ebay usw. Überleg doch mal: Kommt es auf Dauer nicht doch gut an, wenn du deinen eigenen Style hast und dich nicht einfach dem anpasst, was alle haben?

Damit wären wir bei den nächsten Fragen: Was passt zu mir? Was drücke ich mit meinem Kleidungsstil aus? Und: Wie viel Haut will ich zeigen?

Klar, der Geschmack ändert sich immer mal wieder. Gerade auf dem Weg zum Erwachsenwerden muss man seinen eigenen Stil erst einmal finden – und dazu gehört viel Ausprobieren. Sei da ganz kreativ und gib dir Zeit, herauszufinden, was dir gefällt. Ob schlicht und locker oder elegant oder bunt und auffallend oder schwarz und rockig ... niemand sollte sich anmaßen, andere schlechtzumachen, nur weil sie andere Klamotten mögen als er selbst! Es ist wichtig, niemanden nach seinem Äußeren zu beurteilen. Möglicherweise hat jemand einen recht merkwürdigen Geschmack, was Klamotten angeht, oder er hat seinen

Stil einfach noch nicht gefunden – ist aber supernett, offen und kreativ. Deshalb: Lass dich nicht vom Aussehen einer Person leiten, sondern schaue vielmehr auf ihr Verhalten, ihren Charakter.

Gerade unter Mädels ist das, was Klamotten zeigen oder eben *nicht* zeigen, ein großes Thema. Trage ich Push-up-BHs und tiefe Ausschnitte? Wie kurz darf mein Rock sein? Das sind ziemlich persönliche Fragen, die du dir stellen solltest. Klar ist, dass kein noch so kurzer Rock einem Jungen oder Mann erlaubt, dich zu belästigen. Tatsache ist aber auch, dass aufreizende Outfits eine Wirkung auf deine (männliche) Umgebung haben. Für Jungen ist es in unserer sexualisierten Welt voller (Halb-)Nackt-Fotos auf Werbeplakaten, im Fernsehen oder Internet ohnehin ganz schön anstrengend. Ihr Sexualtrieb ist oft stärker als bei Mädchen, gerade in der Pubertät. Wenn dann die Mädchen um sie herum freizügig herumlaufen, dann ist es für sie nicht gerade einfach, *nicht* ständig an Sex zu denken.

Frage dich selbst, wie du von Jungen wahrgenommen werden willst. Möchtest du einen Freund, der sich in erster Linie für dich als Person interessiert – für deine Träume, deinen Charakter? Oder einen, der geblendet von deinem sexy Ausschnitt ist, und sich dadurch kaum noch auf das konzentrieren kann, was du ihm erzählst? Soll ein Junge dir zuerst in die Augen oder auf den Po schauen?

Wenn du willst, dass Jungen dich ernst nehmen und respektieren, dann gehe verantwortungsbewusst mit deinen sexuellen Reizen um. Natürlich macht es Spaß, sich auch mal so richtig sexy aufzudonnern. Aber überlege dir, in welcher Umgebung du das problemlos machen kannst – zum Beispiel ganz chillig zu Hause für dich allein oder mit einer Freundin. Wenn du aber auf Jungen oder Männer triffst, dann empfehle ich dir, auf tiefe Ausschnitte, sehr knappe Röcke oder Hotpants zu verzichten und dir das für schöne Stunden mit deinem späteren Mann aufzubewahren. Echte Kerle finden es ohnehin viel geheimnisvoller, wenn eine Frau nicht zu viel Haut zeigt, sondern es noch einiges zu „erobern" gibt. Denn auch wenn Jungs untereinander oft in ein „Prollo-Gehabe" verfallen und so tun, als fänden sie es toll, wenn Mädels halb nackt herumlaufen: In ernsteren Gesprächen geben viele Jungen zu, dass sie das eigentlich gar nicht so positiv finden, weil so ein Stil ziemlich schnell „billig" wirkt.

Schönheitswahn und Medien-Fake

Liebes Tagebuch,

ich könnte gerade echt durchdrehen! Heute fühle ich mich mal wieder richtig hässlich. Wenn ich so an mir herunterschaue, könnte ich kotzen. Meine Beine sind schwabbelig und haben Dellen. Ganz ehrlich, warum muss ich auch noch Cellulite haben? Ich meine, Maja zum Beispiel, die hat ein wunderschönes Gesicht - und ihre Beine sind total dellenfrei. Mein Gesicht ist höchstens mittelmäßig, meine Brüste ziemlich flach, meine Beine nicht gerade schlank - und dann auch noch Cellulite!

Zu allem Überfluss habe ich seit gestern auch noch einen fiesen Pickel auf der Stirn - seit heute Mittag mutiert der zum Eiter-Monster. Ich habe es schon mit Abdeckstift probiert, aber irgendwie sieht das fast noch schlimmer aus ...

Ich fühle mich manchmal echt wie ein hässliches Entlein neben all den hübschen, sexy Mädels aus meiner Klasse. Wobei, am hübschesten finde ich die Hauptdarstellerin aus meiner neuen Lieblingsserie. Die ist total schlank und hat wunderschöne Lippen. Ihre Haut ist makellos und ihr Lächeln echt der Hammer. Wenn ich doch nur so aussehen könnte wie sie! Das Leben wäre so viel einfacher!

Du kennst sicher den kritischen Blick in den Spiegel – und Gedanken wie „Ich bin zu dick" oder „Ich bin einfach hässlich!". Wir Mädels sind

einfach extrem perfektionistisch und ziemlich gut darin, uns selbst runterzumachen.

Aber es ist nicht nur unsere Schuld! Einen ganz fetten, miesen Beitrag liefern einige Promis und die Medien. Promis, die sich für irgendwelche Schönheitsideale unters Messer legen, Lippen und Brüste aufspritzen lassen, und dann so tun, als wäre es völlig normal, so auszusehen. Wenn man ständig solche Frauen sieht, ist es kein Wunder, dass man Minderwertigkeitskomplexe bekommt. Aber vergiss nicht: Diese Promis sehen normalerweise auch nicht so aus! Die haben extrem viel Geld bezahlt und das Risiko einer Operation in Kauf genommen, um so auszusehen. Das ist nicht normal, sondern ziemlich unnatürlich. Und die meisten Jungs und Männer finden Natürlichkeit tatsächlich deutlich sexyer als Silikontitten und Schlauchbootlippen.

Total gefakt sind auch die Coverbilder der Zeitschriften oder Werbeplakate. Da werden einfach mal mit Bildbearbeitungsprogrammen Beine schmaler gemacht, Cellulite entfernt, Brüste vergrößert und Speckröllchen kaschiert… und wir stehen als Normalo vor so einem Bild und denken: „Die ist ja viel schöner als ich!" Ist das nicht unglaublich mies, was uns da vorgemacht wird? Und oft wissen wir das ja sogar, aber trotzdem lassen wir uns davon runterziehen.

Google doch mal im Internet nach Fotos von ungeschminkten Promis. Es ist krass zu sehen, wie anders diese angeblichen Schönheiten ohne die Tonnen von Make-up aussehen, die sie in der Öffentlichkeit meist tragen.

Bitte lass dich nicht verarschen! Das, was du auf den Werbeplakaten, in Serien oder Zeitschriften präsentiert bekommst, das ist nicht echt. Nicht. Echt. Gelogen und gefaked!

Die Beauty-Queens sind auch nicht glücklicher

Kennst du den Film „Embrace – Du bist schön!"? Wenn nicht, möchte ich ihn dir wärmstens empfehlen! Der Film wurde gedreht von Taryn Brumfitt, die selbst lange mit ihrem eigenen Aussehen gekämpft hat. Weil sie so unzufrieden mit ihrem Körper war, hatte sie zunächst überlegt, sich einer Schönheits-OP zu unterziehen. Dann entschied sie sich jedoch dagegen und begann stattdessen extrem hart zu trainieren und auf ihr Gewicht zu achten. Sie war total diszipliniert und hatte bald einen „perfekten" Körper. Sie nahm sogar als Fitnessmodel an Wettbewerben teil. Und während eines solchen Wettbewerbs machte es eines Tages „klick" bei ihr: Als sie im Bikini auf der Bühne stand und ihren supertrainierten Körper präsentierte, merkte sie auf einmal: *Der ganze Stress hat sich nicht gelohnt. Obwohl mein Körper jetzt eigentlich supergut aussieht – ich bin immer noch nicht richtig zufrieden mit mir. Ich bin immer noch nicht glücklicher als vorher. Und meine Kolleginnen, die ebenfalls alle perfekte Körper haben – auch sie haben noch immer etwas an ihrem Aussehen zu meckern. Auch sie sind nicht glücklicher als Menschen, die „normal" aussehen!*

Diese Gedanken ließen Taryn nicht mehr los. Sie hörte auf, ständig zu trainieren und megastreng auf ihre Ernährung zu achten. Und sie startete eine Reise um den Globus, um mit ganz unterschiedlichen Menschen zu sprechen, die alle etwas Wichtiges zum Thema „Schönheit" zu sagen haben. Sie sprach mit einer Magersüchtigen, die unter Tränen davor warnte, seinen Körper mit Hungern zu zerstören. Sie traf ein Model mit Kleidergröße 42, das berichtete, wie schlimm die dünnen Models ihren Körper behandeln und wie schlecht es ihnen dabei geht. Taryn besuchte auch eine Veranstaltung, bei der Menschen ganz unterschiedlichen Alters und mit total verschiedenen Körpern nackt schwimmen gingen und übten, ihren Körper so, wie er ist, anzunehmen.

Taryns Botschaft ist: Wir sind nicht auf dieser Welt, um ein „Schmuckobjekt" zu sein. Unser Körper wurde uns nicht von Gott geschenkt, um irgendwelchen Schönheitsidealen zu entsprechen – Maßstäben also, die sich sowieso ständig ändern. Unser Körper ist vielmehr eine Art Werkzeug, das uns hilft, unsere Träume zu verwirklichen und dieses Leben zu leben.

Nora Tschirner, die ebenfalls in dem Film mitwirkt, sagt: „Ich fühle mich grundsätzlich attraktiv, weil ich mit mir im Reinen bin und weiß, dass Attraktivität genau darüber funktioniert."[1] Das heißt, echte Schönheit kommt von innen. Deine Einstellung, dein Umgang mit dir selbst und mit anderen ist das, was dich wirklich schön macht.

Dünn, dünner, am dünnsten?

Wie schon erwähnt, die superdünnen Models wenden total schädliche „Tricks" an, um ihren Körper so mager zu halten, wie er ist. Sie erlauben sich fast gar keinen Genuss mehr, nur um so extrem dünn zu sein. Und die meisten von ihnen haben das Gefühl, noch immer nicht dünn genug zu sein. Wenn man anfängt, sich ganz stark auf das Dünnsein zu konzentrieren, begibt man sich auf einen sehr gefährlichen Weg. Schneller als du denkst, kannst du so in eine Essstörung rutschen, die dein Leben total zerstören kann.

Und ganz ehrlich: Die meisten Jungen und Männer finden superdünne Mädchen und Frauen nicht gerade schön. Ein Junge schreibt zum Beispiel in einem Forum: „Mir persönlich gefällt meine Freundin am meisten: Sie ist das Schönste, das ich jemals gesehen habe ... Sie ist nicht nur ein Strich, so wie es die heutigen Models alle sind, das ist widerlich ... Sie hat wunderschöne Rundungen und die schönste Nase, die es gibt. Außerdem ist ihr Hintern wirklich zum Anbeißen. Mir gefällt es auch sehr, wenn Mädchen ungeschminkt sind und sich nicht unter Make-up verstecken. Ich hatte noch nie eine Freundin, die mit Make-up schöner aussah als ohne ..."

„Curvy Models" bekommen immer mehr Aufmerksamkeit, was Hoffnung macht, dass langsam ein Umdenken stattfindet: Models präsentieren stolz ihre Rundungen und gehen ganz selbstbewusst mit Speckröllchen, breiten Hüften oder ein bisschen „Pudding" an den Beinen um. Schade ist nur, dass auch hier in manchen Wettbewerben noch bestimmte Figurtypen vorgeschrieben sind. Dabei gibt es auf der

Welt so viele Frauen mit ganz unterschiedlichen Figuren, die alle auf ihre Weise so schön sind!

Die GNTM-Kandidatin Sarina Nowak hat gelernt, ihren Körper anzunehmen, wie er ist. Nachdem sie bei „Germany's Next Top Model" teilgenommen hatte, versuchte sie es eine Weile als Model. Irgendwann hatte sie jedoch keine Lust mehr auf ständige Diäten. Sie hörte auf, sich unter Druck zu setzen und wurde als Curvy-Model mit Größe 42 sehr erfolgreich. Sie sagt: „Jeder Körper ist anders gebaut und jeder Körper ist schön. Egal ob schmal oder kurvig – man darf sich nie unter Druck setzen und einem vermeintlichen Ideal hinterherrennen, das nicht dem eigenen Körperbau entspricht."[2]

Wenn Dünnsein für dich zum wichtigsten Ziel geworden ist, dann läuft etwas falsch. Dann machst du dich kaputt für etwas, das dich niemals wirklich glücklich machen wird. Vielleicht wird es sich am Anfang so anfühlen, aber auf Dauer wird Schlanksein deine innere Sehnsucht nicht füllen können. Im Gegenteil, wenn Abnehmen zur Sucht wird und du zwanghaft Kalorien zählst und immer dünner wirst, dann setzt du deine Gesundheit aufs Spiel. Essstörungen wie Magersucht und Bulimie haben viele schlimme Folgen wie Haarausfall, Zahnprobleme, Ausbleiben der Regel, Herzrhythmusstörungen, Nierenschäden… und können sogar tödlich enden. Wenn dein Essverhalten gestört ist oder du bei einer Freundin eine Essstörung vermutest, dann bleibe damit nicht allein! Beratungsstellen, an die du dich (auch anonym) wenden kannst, findest du am Ende des Buches.

Was macht Schönheit aus?

Flacher Bauch, kleiner, knackiger Po, straffe Beine, wohlgeformte Brüste… wir denken oft, dass dieser Figurtyp schon immer als „schön" galt. Doch das stimmt nicht: Schönheitsideale haben sich schon immer von Zeit zu Zeit verändert. Hier mal ein paar spannende Einblicke in die Schönheitsvorstellungen von früher:

In der Antike galten Frauen mit eher kleinen, festen Brüsten und breiten, „gebärfreudigen" Hüften als besonders sexy. Im Mittelalter galten schlicht gekleidete Frauen mit kleiner Oberweite und möglichst blasser Haut als schön. Was als besonders hübsch galt, war – so seltsam es klingt – eine hohe Stirn. Einige Frauen rupften sich daher sogar die

Haare von ihrem Haaransatz am Kopf aus, um ihre Stirn höher aussehen zu lassen! Unglaublich, was die Leute damals getan haben, um „schön" zu sein... Doch ist das heute wirklich so viel anders angesichts des Schlankheitswahns und der verschiedensten Schönheits-OPs?

In der Renaissance wurden dann Rundungen an Busen, Po, Bauch und Hüften „schick", und Frauen mit dunklerer Haut benutzten sogar sehr ungesunde Cremes, um ihre Haut blasser zu schminken.

In den 1920er-Jahren war Schlanksein angesagt und große Brüste waren nicht sehr beliebt. Deshalb drückten sich einige Frauen ihre Brüste sogar mit Leibgürteln flach – ziemlich lustig, wenn man daran denkt, wie viel Mühe sich Frauen heutzutage mit Push-up-BHs geben, um genau das Gegenteil zu erreichen!

In den 1950er-Jahren änderte sich der Trend dann wieder hin zu eher großen Brüsten, dazu waren eine schlanke Taille und weibliche Hüften „angesagt", wobei ein paar Speckröllchen am Bauch kein Problem waren. Die Filmschauspielerin und Sängerin Marylin Monroe verkörperte dieses Schönheitsideal, das aber nicht lange anhielt. Denn in den 1960ern galt ein möglichst dünner Körper mit wenig Busen und einer schmalen Hüfte als hübsch – das Supermodel „Twiggy", britische Schauspielerin und Sängerin, repräsentierte diesen Figurtyp.[3]

Du siehst: Was als schön gilt, verändert sich immer wieder. Und es ist schon verrückt, was einige Menschen so tun, um sich diesen Idealen anzupassen. Übrigens existieren auch heute unterschiedliche Schönheitsideale – je nachdem, wo man lebt. Was wir als schön empfinden, würden Menschen in anderen Teilen der Erde ganz anders sehen. So wünschen sich viele Asiatinnen möglichst helle Haut und laufen ständig mit einem Sonnenschirm herum, während die Europäerinnen alles dafür tun, um in der prallen Sonne einen dunkleren Teint zu bekommen. Und während wir uns fragen, ob unser Po in der neuen Jeans dick aussieht, gilt ein runder, voller Po in Südamerika als sehr erotisch. Wenn also das Ideal von Schönheit so wechselhaft ist, sollten wir uns fragen, ob es sich wirklich lohnt, uns Stress zu machen, um irgendwelchen Erwartungen zu entsprechen. Oder, anders gesagt: Wir sollten uns Gedanken darüber machen, was echte Schönheit ausmacht. Die wunderschöne Sophia Loren sagte dazu einmal in einem Interview:

*Nothing makes a woman more beautiful
than the belief that she is beautiful.
Nichts macht eine Frau schöner als der
Glaube an die eigene Schönheit.*

Eine Frau, die zu ihrem Körper Ja sagt – die sich entscheidet, ihren Körper anzunehmen und ihn gut zu behandeln –, hat eine umwerfende Ausstrahlung. Egal ob sie irgendwelchen Idealmaßen entspricht oder nicht.

Die meisten Mädchen und Frauen lieben Filme, die Geschichten erzählen, in denen eine Frau vom hässlichen Entlein zur schönen Frau wird – beispielsweise „Plötzlich Prinzessin". Oder Vorher-Nachher-Shows, in denen Frauen professionell gestylt und gekleidet werden. Klar wird da auch äußerlich so einiges verändert – eine neue Frisur, hübsche Kleider, passendes Make-up. Aber wenn man mal genau hinsieht, merkt man, was den wichtigsten Unterschied macht: Die Frau glaubt nun, dass sie schön ist! Sie hat nicht mehr diesen unsicheren Blick, sondern ein Strahlen in den Augen – und genau das macht sie schön!

Es ist nicht einfach zu lernen, den eigenen Körper anzunehmen. Aber man kann es üben, wenn man sich dafür entscheidet. Man kann sich zum Beispiel immer wieder nackt vor den Spiegel stellen, seinen Körper betrachten und sich sagen (auch wenn man es noch nicht glaubt): „Ich bin schön. Mein Körper ist wertvoll." Man kann auch beten und Gott für den Körper danken, und ihn um Hilfe bitten, sich in diesem Körper wohlzufühlen.

Es ist hilfreich, wenn du den Blick bewusst auf das Positive lenkst. Schwachstellen haben wir alle! Auf einem Werbeplakat heißt es: „Nur Nullen haben keine Ecken und Kanten!" Genauso ist es! Deshalb achte mal gezielt auf das, was dir an deinem Körper gefällt. Vielleicht ist dein Bauch ein bisschen schwabbelig, aber dafür hast du schöne, lange Beine oder schöne Augen oder sinnliche Lippen oder tolle Haare oder ein schönes Lächeln... Der Trick bei der Schönheit ist, dass du deine Schwachstellen akzeptierst und deine Vorzüge betonst! Dazu werde ich dir auf den Seiten 32–34 noch etwas über Farbtypen erzählen, denn je nach Haut- und Haarfarbe bringen bestimmte Farben deine Schönheit besonders zum Strahlen.

Was finden Jungen und Männer attraktiv?

Natürlich ist das ziemlich individuell. Der eine mag kleine Mädels, der andere große, der eine steht auf natürliche Schönheit, der andere auf Glanz und Glamour ... Aber was sind die Merkmale, die die meisten Jungen und Männer hübsch finden? Zu dieser Frage wurden schon viele Studien durchgeführt. Hier ein paar interessante Antworten:

→ strahlendes, breites Lächeln
→ gepflegte, schöne Haare (viele mögen mittellange bis lange Haare, einige aber auch Kurzhaarfrisuren, wenn sie zum Gesicht passen)
→ gepflegte Zähne
→ aufrechte Haltung
→ Selbstbewusstsein
→ sportlich, aber nicht übertrieben viele Muskeln
→ rote Lippen
→ Humor
→ dezenter Schmuck und nicht zu viel Make-up

Hier eine Antwort von einem Mann auf die Frage, was weibliche Schönheit ausmacht:

> *Ausstrahlung. Wenn eine Frau zufrieden und im Reinen mit sich selbst ist, dann strahlt sie das auch aus. Diese Frauen sind immer schön.*[4]

Diese Aussage zeigt, dass Schönheit eben nicht in erster Linie durch Äußerlichkeiten bestimmt wird. Und hier noch ein richtig cooler Satz, der die Wichtigkeit von innerer Schönheit betont:

Es gibt so sagenhaft schöne Menschen auf der Welt ... und es ist scheißegal, wie die aussehen.[5]

Einen guten Umgang mit dem Körper finden

In der Bibel wird unser Körper als „Tempel des Heiligen Geistes" beschrieben (siehe 1. Korinther 6,19). Das bedeutet: Dein Körper ist keine wertlose Hülle, auch kein Beauty-Objekt oder Aushängeschild, das du nutzen sollst, um gut anzukommen und dich zu profilieren. Sondern dein Körper ist wie ein sehr wertvolles, besonderes Gebäude, in dem Gottes Geist wohnen will. Für Gott ist dein Körper sehr kostbar, und er will ihn gebrauchen, um in dieser Welt Gutes zu bewirken.

Wie behandelt man einen Tempel? Stell dir mal vor, du hast die Aufgabe, dich um eine sehr wertvolle, wunderschöne Kirche zu kümmern. Wenn man diese Kirche betritt, spürt man: Gott ist da. Du fühlst, dass dies ein ganz besonderer Ort ist. Wie würdest du mit dieser Kirche umgehen, um deine Aufgabe gut zu erfüllen? Sicher würdest du darauf achten, dass die Räume mit Vorsicht und Respekt behandelt werden, dass sie sauber gehalten und gepflegt werden, oder?

Übertragen auf deinen Körper heißt das: Sei gut zu ihm! Achte ihn, weil er ein Tempel für den Heiligen Geist ist. Ganz praktisch bedeutet das: Hungere deinen Körper nicht aus, weil du sonst deine Gesundheit aufs Spiel setzt. Stopf dich aber auch nicht mit ungesunden Lebensmitteln voll, weil auch das deinem Körper schadet. Versorge deinen Körper stattdessen mit gesundem Essen, damit er Kraft und wichtige Nährstoffe bekommt. Bewege dich ausreichend, weil dein Körper auf diese Weise fit bleibt und du dich besser fühlst. Schlafe genug, damit du Energie hast, dein Leben aktiv zu gestalten, und das, wofür du geschaffen wurdest, ausleben kannst.

Wenn du deinen Körper ablehnst, dann richtest du diese Ablehnung nicht nur gegen dich selbst. Im Grunde sagst du damit auch: „Gott, das, was du mir da geschenkt hast, finde ich hässlich!" Und das, obwohl Gott deinen Körper mit so viel Liebe geschaffen hat. Manchmal hilft es, sich das klarzumachen: Wenn ich meinen Körper verachte, beleidige ich damit auch den, der ihn geschaffen hat. Und wenn ich nicht gut zu meinem Körper bin, missachte ich das Geschenk, das Gott mir mit meinem Körper gemacht hat.

Das heißt nicht, dass wir uns nicht vornehmen können, etwas an unserem Körper zu ändern. Wenn du zum Beispiel wirklich übergewichtig bist, ist es gut und gesund, deine Ernährung umzustellen und mehr Sport zu machen. Und natürlich spricht auch nichts dagegen, bei Akne einen Hautarzt nach einer guten Salbe zu fragen. Oder sich dezent zu schminken, um die eigene Schönheit zu betonen.

Aber wichtig ist, dass du dich nicht irgendwelchen äußeren Schönheitsidealen unterwirfst, sondern dich vor den Spiegel stellst und dir sagst: „Das ist mein Körper. Nicht perfekt, so wie kein Körper perfekt ist. Aber wertvoll und besonders. Ich bin schön, weil Gott nichts Hässliches erschafft."

Schwächen akzeptieren, Vorzüge betonen

Wohl jede Frau kann Körperstellen benennen, mit denen sie nicht voll und ganz zufrieden ist. Das ist völlig normal. Aber es macht einen Unterschied, ob ich sage: „Meine Brüste sind so klein, dass ich mich einfach nur total hässlich fühle" oder aber: „Na ja, ich hätte gern etwas mehr Oberweite, aber man kann nicht alles haben! Dafür ist mein Po ziemlich sexy." Man kann lernen, seinen Körper anzunehmen. Man kann lernen, auch die Stellen, die man sich anders wünscht, mit einer gewissen Gelassenheit zu akzeptieren. Wer schon mal eine schwere Krankheit durchgemacht hat, erkennt hinterher meist, wie wertvoll ein funktionsfähiger, einigermaßen gesunder Körper ist – und wie dumm es ist, diesen zu verachten, nur weil er nicht allen Schönheitsidealen entspricht.

Wenn du krampfhaft auf einen „perfekten" Körper hinarbeitest, hat das auch Auswirkungen auf andere Menschen. Überleg mal: Welche Botschaft sendest du damit anderen Mädchen und Frauen? Wenn sie dich für perfekt halten, werden sie möglicherweise mit ihrem eigenen Körper unzufrieden sein, weil sie denken: „Die ist viel schöner als ich." So setzen wir uns gegenseitig total unter Druck, weil wir so tun, als wäre ein idealer Körper das Wichtigste im Leben. Wäre es nicht viel entspannter, wenn wir zu unseren „Makeln" stehen, selbstbewusst damit umgehen und dadurch auch andere ermutigen, sich selbst zu akzeptieren und einfach das Leben zu genießen, statt sich selbst fertigzumachen?

Der „Trick" von Mädchen und Frauen, die eine tolle Ausstrahlung haben, ist genau der: das, was am eigenen Körper nicht so vollkommen ist, locker sehen – und das, was man an sich schön findet, betonen. Überlege dir also mal, was dir an deinem Aussehen gut gefällt. (Wenn du gerade eine sehr negative Sicht auf deinen Körper hast, dann denk erst mal darüber nach, was du an dir „ganz okay" findest.) Vielleicht magst du ja auch mal deine Freundinnen, deine Mutter, deine Geschwister usw. fragen, was sie an deinem Körper besonders schön finden? Möglicherweise hast du noch nie bewusst wahrgenommen, dass du total ausdrucksstarke Augen oder einen tollen Teint, schöne Haare, einen knackigen Po, lange Beine oder ein strahlendes Lächeln hast. Wenn du weißt, was deine „Schokoladenzonen" sind, dann suche bewusst nach Klamotten, Make-up und einer Frisur, die deine Vorzüge betonen – und sei stolz darauf!

Tipps: Welche Kleidung passt zu meiner Figur?

→ **Du hast eine kleine Oberweite:** Dir stehen Oberteile mit nicht zu tiefen V-Ausschnitten oder Rüschen sowie Neckholder-Bikinis besonders gut.

→ **Du hast etwas breitere Hüften:** Du kannst besonders gut Schlaghosen und Hosen oder Röcke in dunklerer

Farbe tragen. Längsstreifen strecken Hüfte und Beine optisch.

→ **Du willst deinen Po gern etwas schmaler wirken lassen:** Achte auf gut sitzende, eher kleine und eng beieinander liegende Gesäßtaschen und einen eher tiefen Sitz der Hose.

→ **Mach online einen Figur- und Typtest!** Zum Beispiel unter www.gofeminin.de/ mode/figurberatung.asp. So findest du ganz einfach heraus, was für eine Figur du hast und was dir steht.

Farbtypen

Auch die bewusste Auswahl von Farben kann die eigenen „Schokoladenseiten" betonen. Es ist nämlich so, dass einige Farben den einen Menschen zum Strahlen bringen – und den anderen total blass und kränklich aussehen lassen. Der Grund dafür ist, dass wir alle unterschiedliche Hauttöne und Haarfarben haben, die mehr oder weniger mit bestimmten Farbtönen harmonieren. Das bedeutet natürlich nicht, dass du ab jetzt nur noch „passende" Farben tragen darfst. Aber es macht Spaß, beim Shoppen von Klamotten oder Make-up einfach mal darauf zu achten und auszuprobieren, welche Farben die eigene Schönheit fördern.

Um eine erste Idee zu bekommen, ob du eher zu den warmen oder zu den kühlen Farbtypen gehörst, kannst du dir eine goldene sowie eine silberne Schmuckkette nehmen und dich vor einen Spiegel stellen. Achte darauf, dass der Raum mit Tageslicht durchflutet ist, damit du die Farbwirkung gut erkennen kannst. Halte abwechselnd Gold und Silber

an dein Gesicht – was steht dir besser? Was bringt dich zum Leuchten und was lässt sich eher blass aussehen?
Wenn dir Silber besser steht, gehörst du vermutlich zu den kühlen Farbtypen. Gold spricht für einen warmen Farbtyp. Im Internet gibt es auch viele Tests zu Farbtypen, wobei diese meist nicht sehr genau sind. Für eine erste Orientierung, zusammen mit den Infos, die du hier nachlesen kannst, können sie aber durchaus hilfreich sein.

Warme Farbtypen

Frühlingstyp
Der Frühlingstyp hat eine eher helle Haut mit einem warmen Unterton, oft auch mit Sommersprossen. Seine Augen sind meist hell – hellgrün, blau mit warmen Nuancen oder bernsteinfarben. Es gibt aber auch „Frühlingsmenschen" mit dunkleren Augen.
Die Haare haben in der Regel einen warmen Blondton (honigblond, goldblond, rotblond) oder einen warmen Braunton. Im Licht schimmern sie leicht goldig.

→ Frühlingstyp-Promis sind zum Beispiel Cameron Diaz, Scarlett Johansson, Amanda Seyfried und Heather Graham.

→ Strahle-Farben:
Dem Frühlingstyp stehen besonders gut warme, leuchtende Farben wie korallenrot und tomatenrot, türkis, apfelgrün, sonnengelb, orange, lachs, apricot, lila, beige, lindgrün. Wenig vorteilhaft sind oft kräftige Farben wie dunkelblau oder schwarz.

Herbsttyp
Der Herbsttyp ist gewissermaßen die dunklere Variante des Frühlingstyps. Der Hautton ist ebenfalls warm, oft aber dunk-

ler als beim Frühlingsytyp. Sommersprossen können vorhanden sein, haben dann aber einen warmen Braunton. Menschen, die ein Herbsttyp sind, haben in der Regel braune oder grüne Augen. Ihre Haare sind meistens braun oder rot.

→ **Berühmte Herbsttypen sind Julia Roberts, Jessica Alba, Mila Kunis, Eva Mendes und Natalie Portman.**

→ **Strahle-Farben:**
Dem Herbsttyp stehen besonders gut warme, eher erdige und gedeckte Farben wie braun, orange, khaki, oliv, dunkelgrün, aubergine, warmes cremeweiß und gold. Aufpassen sollten Herbstmenschen mit harten und sehr kräftigen Farben wie schwarz, pink und gelb.

Kühle Farbtypen

Sommertyp
Frauen mit diesem Typ haben einen hellen, rosigen, eher kühlen Hautton. Der Unterton ist bläulich und nicht wie bei den warmen Farbtypen rötlich. Sommersprossen können vorhanden sein, sind dann aber eher gräulich.
Die Haare haben einen aschigen Ton, der von hell- bis dunkelblond und manchmal auch hell- bzw. mittelbraun reichen kann. Die Augen sind meist blau, blaugrau oder blaugrün.

→ **Prominente Sommertypen sind Reese Witherspoon, Gwyneth Paltrow, Heidi Klum und Blake Lively.**

→ **Strahle-Farben:**
Sommertypen können sehr gut kühle Pastellfarben tragen wie hellblau, rosa, türkis, aber auch petrolblau, jeansblau, grau, lila, pink und zitronengelb. Weniger

vorteilhaft sind rotstichige Farben wie orange, ocker oder ein hartes schwarz.

Wintertyp

Die klassische Vertreterin ist Schneewittchen: Die Hautfarbe ist meist blass, kann auch olivfarben und dunkler sein (dann aber in der Regel ohne Sommersprossen) und hat einen kühlen Unterton, während die Haare schwarz oder dunkelbraun sind. Die Augen sind oft braun oder eisblau.

→ **Berühmte Vertreterinnen dieses Farbtyps sind Liv Tyler, Megan Fox, Demi Moore und Audrey Hepburn.**

→ Strahlefarben:
Besonders vorteilhaft sind kontrastreiche, klare Farben wie weiß, schwarz, pink, rot, königsblau, türkis, lila oder smaragd. Vorsichtig sein sollten Wintertypen in der Auswahl von warmen Farben wie orange, braun oder gelb.

Im Internet gibt es auch Tests zum Thema „Welcher Farbtyp bin ich?". Für eine erste Orientierung, zusammen mit den Infos im Kasten, können sie durchaus hilfreich sein, auch wenn die Ergebnisse der Tests meist sehr ungenau sind. Schau doch auch mal hier vorbei: www.fuersie.de/mode/styling-tipps/test/welcher-farbtyp-sind-sie

Not a girl not yet a woman ...

...so heißt ein etwas älteres, aber sehr schönes Lied von Britney Spears. Es handelt davon, wie verwirrend es sein kann, erwachsen zu werden. Du bist eben kein Kind mehr – aber auch noch keine erwachsene Frau. Und dieses „Dazwischen" kann manchmal ziemlich nervig und anstrengend sein – gefühlsmäßig und körperlich.
Wenn du deinen Körper betrachtest, dann denk daran, dass er noch nicht fertig entwickelt ist. Bei vielen Frauen entwickelt sich die Figur sogar noch bis zum Alter von etwa 20 Jahren. Und auch danach gibt

es immer mal wieder Veränderungen! Aber in der Pubertät sind diese Veränderungen besonders heftig – und dann kann es schon mal sein, dass du dich total unwohlfühlst, weil dir dein Körper noch so „unfertig" vorkommt. Vielleicht hast du schon Rundungen an den Hüften, aber deine Brüste sind bisher noch kaum gewachsen? Keine Panik! Das Tempo, in dem sich deine einzelnen Körperzonen entwickeln, ist nicht immer gleichmäßig. Und es ist nicht ungewöhnlich, dass sich ein Bereich schneller entwickelt als der andere. Sei also geduldig mit deinem Körper und gib ihm Zeit, sich zu entwickeln. Beobachte die Veränderungen neugierig und behandle deinen Körper gut – indem du gesund lebst, Sport treibst und ihn mit gesunder, vitaminreicher Nahrung versorgst. Das alles hilft deinem Körper, seine volle Schönheit zu entfalten.

LIEBE & SEX

Wenn die Gefühle verrücktspielen: Vom Verliebtsein und der Liebe

Liebes Tagebuch,

ich bin total durcheinander! Und das alles wegen Hannes, den ich doch eigentlich schon kenne, seit ich die Grundschule besuche … Also, von vorn: Hannes ist ein Jahr älter als ich und seine Eltern sind mit meiner Mutter befreundet. Früher wohnten sie ganz in der Nähe und wir haben uns oft gegenseitig besucht und zusammen gespielt. Vor drei Jahren sind sie dann umgezogen, und seitdem sehen wir sie nur noch ab und zu - zuletzt haben wir uns vor etwa einem Jahr getroffen.

Vor drei Tagen sind meine Mama, mein Bruder Paul und ich dann mal wieder zu ihnen gefahren - und da ist irgendetwas passiert! Hannes hat sich in diesem Jahr ganz schön verändert. Er ist größer geworden und wirkt auch schon viel reifer und erwachsener. Zum ersten Mal sind mir seine schönen, grünen Augen so richtig aufgefallen, und als wir uns unterhalten haben, da habe ich manchmal eine Gänsehaut bekommen … Puh, es fiel mir richtig schwer, mich zu verabschieden, und als er mich dann kurz in den Arm genommen hat, da hat sich das total magisch angefühlt! Wenn ich jetzt an ihn denke, dann werde ich ganz kribbelig und aufgeregt. Ich glaube, ich bin zum ersten Mal in meinem Leben so richtig verliebt!

Diese Gefühle sind einfach der Wahnsinn. Wunderschön und gleichzeitig total verwirrend und anstrengend! Ich meine, was mache ich denn jetzt? Wie finde ich heraus, ob er genauso fühlt wie ich? Kann ich ihm schreiben? Ich habe seine Nummer, aber eigentlich hatten wir bisher nie regelmäßig Kontakt per Handy. Würde das nicht total seltsam wirken, wenn ich jetzt auf einmal schreibe? Denkt er dann nicht, ich bin voll aufdringlich oder so?

Und wenn er wirklich auch in mich verliebt ist … wie soll das dann gehen? Er wohnt drei Autostunden von mir entfernt! Irgendwie vermisse ich ihn schon jetzt total … Ständig denke ich an seine Stimme, seinen männlichen Duft, seine zärtlichen Augen … Ich hatte zwischendurch oft das Gefühl, dass er mich mit einem total tiefen Blick angesehen hat. Aber vielleicht bildet man sich so etwas ja auch nur ein, wenn man verliebt ist.

Hannes ist einfach echt toll! Nun ja, mit seinem Hobby kann ich nicht so viel anfangen. Er spielt Tennis, so richtig auf Turnieren, und Tennis finde ich persönlich ziemlich öde. Aber er ist so … so besonders. Er plappert nicht einfach drauflos, sondern denkt nach, bevor er etwas sagt. Er hört richtig aufmerksam zu, wenn man etwas erzählt. Er hat halblange, mittelbraune Haare, mit denen er ziemlich wild und cool aussieht. Und sowieso sieht er umwerfend attraktiv aus …

Es ist fast zu peinlich, das aufzuschreiben, aber ich sitze ständig in meinem Zimmer und starre sein Profilbild auf dem Handy an. Ich kriege diesen Jungen einfach nicht aus meinem Kopf! Auch im Unterricht kann ich mich überhaupt nicht konzentrieren. Und nach der Schule tippe ich Kurznachrichten an ihn, die ich dann vor dem Versenden doch wieder lösche. Nachts träume ich davon, wie ich in seinen Armen liege und ihn küsse - und bin dann total traurig, wenn ich aufwache und merke, dass alles nur ein Traum war.

Ganz ehrlich: Ich hätte nicht gedacht, dass Verliebtsein so anstrengend ist!

Leonie

Warst du auch schon mal verliebt? Dann kannst du vermutlich gut nachvollziehen, wie Leonie sich fühlt. Und wenn nicht, dann darfst du gespannt sein auf das, was dich da erwartet!
Wenn wir verliebt sind, löst das in unserem Gefühlsleben ein echtes Feuerwerk aus. Der Gedanke an diesen einen Menschen ist auf einmal stärker als alles andere. Wir fühlen uns unheimlich stark zu diesem Menschen hingezogen und würden am liebsten jede freie Minute mit ihm zusammen sein. Doch so lange noch unklar ist, wie der andere darüber denkt, sind diese Gefühle auch ziemlich verwirrend. Man fragt sich immerzu, wie man herausfinden kann, was der andere denkt, wie man zu ihm Kontakt aufnehmen kann, ohne sich aufzudrängen oder zu blamieren. Ständig sucht man nach Hinweisen im Verhalten des anderen und fragt sich: Wirft er mir besondere Blicke zu? Ist es Zufall, dass er mehr als sonst mit mir redet? Warum läuft er einfach weiter, statt mit mir zu sprechen?
Es fällt schwer, sich noch auf andere Themen zu konzentrieren, denn die Gedanken drängen ständig wieder zu *ihm*. Wie soll man sich da mit Wahrscheinlichkeitsrechnung oder Grammatik beschäftigen?
Verliebtheitsgefühle sind total umwerfend – und gleichzeitig völlig normal. Wenn wir verliebt sind – wenn wir mit der Person zusammen sind oder auch nur an sie denken –, werden in unserem Gehirn Glückshormone ausgeschüttet. Deshalb drängt uns quasi unser Körper dazu,

dieser Person ständig nahe zu sein oder uns gedanklich mit ihr zu befassen. Es ist fast wie eine Sucht!

In dieser verwirrenden Phase tut es oft gut, mit einem vertrauten Menschen zu reden. Man kann so seine Gefühle mit jemand anderem teilen und sie auf diese Weise ein wenig ordnen und reflektieren. Auch das Aufschreiben der starken Gefühle, Wünsche und Gedanken ist hilfreich. Dabei kannst du über wichtige Fragen nachdenken wie:

→ Was genau gefällt dir so an dem Jungen, in den du verliebt bist? Sind es eher äußere Dinge oder aber Charakterzüge und Eigenschaften, die auf Dauer für eine Beziehung wichtig sind? Manchmal kann uns das Aussehen eines Menschen blenden. Aber äußere Merkmale wie Augen, Stimme oder Körperbau sind nichts, womit eine Beziehung auf Dauer ein tragfähiges Fundament bekommt. Äußere Schönheit verblasst schnell, wenn keine innere Schönheit dahintersteckt.

→ Kannst du dir vorstellen, mit diesem Jungen dein Leben zu verbringen? Habt ihr genügend gemeinsame Werte und Lebensziele?

Wichtig ist, dass du dich von deiner Verliebtheit nicht zu vorschnellen Handlungen hinreißen lässt. Wenn wir jemanden toll finden, dann sehen wir ihn durch eine rosarote Brille und nehmen erst mal nur seine positiven Eigenschaften wahr. Es braucht Zeit, um auch die Schwächen des anderen zu erkennen – und dann stellt sich meist heraus, ob das Schwächen sind, mit denen man leben kann, oder aber Schwächen, die ein Hindernis sind, mit diesem Menschen langfristig wirklich glücklich zu werden. Überleg mal: Wer will schon freiwillig mit einem egoistischen, unehrlichen Typen zusammen sein, auch wenn er noch so charmant wirkt und noch so cool aussieht? Die Schattenseiten eines Menschen sieht man in der „akuten" Verliebtheitsphase einfach nicht, deshalb ist es gefährlich, zu schnell zu weit zu gehen. Damit riskierst du, wertvolle erste Erfahrungen mit einem Typen zu machen, der dich gar nicht verdient. Außerdem sind Küsse und mehr oft nicht wirklich schön, wenn man noch nicht richtig vertraut miteinander ist. Es fällt dann schwerer, sich wirklich fallen zu lassen – und dann wird alles schnell verkrampft, seltsam und ganz und gar nicht romantisch! Deshalb mein Tipp: So schwer es dir auch fallen mag: Gehe es langsam an. Genieße erst einmal die Gefühle des Verliebtseins, ohne diese Wünsche direkt in die Tat umzusetzen. Nimm dir Zeit, diese besonderen Emotionen in dir kennenzulernen, sie auszukosten und einfach eine Zeit lang zu träumen, und die Zeit, die du mit dem Jungen verbringst – in echt oder in deiner Fantasie – zu genießen.

Und hier noch ein weiterer wichtiger Tipp: Rede mit Gott über deine Gefühle für diesen Jungen. Frage ihn, ob er euch beide zusammen sieht. Bitte ihn, dir Geduld zu schenken, aber auch Weisheit, um zu erkennen, was gut für den Jungen und für dich ist. Und bitte Gott auch um die nötige Konzentration für die Schule und all die Aufgaben, die du sonst noch hast. Sie sind ebenfalls wichtig. Versuche auch, deine anderen Beziehungen nicht aus den Augen zu verlieren. Pflege weiterhin deine Freundschaften, denn auch der tollste Freund kann deine Freundinnen nicht ersetzen!

Und was die Schule angeht: Ja, es ist richtig schwierig zu lernen, wenn man verliebt ist! Also probiere, dir für gewisse Zeiten (im Unterricht, beim Lernen, bei den Hausaufgaben) ein Stopp-Schild vor deine Gedanken an den Jungen zu stellen, und konzentriere dich ganz auf das Thema beziehungsweise die Aufgabe. Es kann auch helfen, wenn du dir bestimmte Tageszeiten überlegst, zu denen du dich ganz deiner Verliebtheit hingeben kannst und in aller Ruhe an den Jungen denken kannst – zum Beispiel, wenn du entspannt im Bett oder in der Badewanne liegst oder spazieren gehst.

Wie lernen wir uns richtig gut kennen?

Bevor ihr die Entscheidung trefft, ein Paar zu werden, lerne deinen „Traumprinzen" zunächst gut kennen. Lass das, was zwischen euch ist, reifen, und warte geduldig, bis ihr für euch klären könnt, ob „mehr" daraus werden kann.

Genießt die Zeiten der Zweisamkeit, und nutzt sie, um ganz offen miteinander zu reden. Sprecht über eure Kindheit, eure Zukunftsträume, eure Ängste, darüber, was euch im Leben wichtig ist. Unterhaltet euch auch über eure Stärken und Schwächen, über Hobbys, Musik, Gott und die Welt... Meistens entstehen solche Gespräche automatisch. Vielleicht spürst du, dass ihr stundenlang zusammen sein und quatschen könntet. Wenn ihr euch allerdings zu früh körperlich sehr nahe kommt, kommen solche Gespräche schnell zu kurz. Deshalb lasst euch lieber noch Zeit mit Nacktheit, intimeren Küssen usw. und konzentriert euch erst einmal darauf, dass ihr euch gefühlsmäßig richtig nahe kommt. Das ist eine wichtige Basis, damit es dann auch körperlich für beide schön wird – und ihr euch wirklich fallen lassen könnt.

Wichtig ist auch, dass ihr nicht nur zu zweit Zeit verbringt. Wenn du den anderen wirklich kennenlernen willst, solltest du auch erfahren, wie er sich in der Gruppe und anderen gegenüber verhält. Trefft euch deshalb auch gemeinsam mit Freunden, in deiner Jugendgruppe, mit euren Familien, nehmt an Projekten oder Aktionen teil, engagiert euch gemeinsam ehrenamtlich... Seid aktiv – so stärkt ihr ganz nebenbei eure Beziehung!

In der Verliebtheitsphase tragen wir, wie bereits erwähnt, eine „rosarote Brille", die uns blind für die Schwächen des anderen macht. Auch das ist ein Grund dafür, körperlich nicht zu früh zu intim zu werden. Lasst euch Zeit, herauszufinden, ob es wirklich passt zwischen euch. Es dauert oft zwischen sechs und achtzehn Monaten, bis die rosarote Brille langsam schwächer wird und man den anderen und die Beziehung wirklich klar sehen und beurteilen kann. Zu diesem Prozess gehören auch erste Konflikte. Sie treten meist dann häufiger auf, wenn die Schmetterlinge im Bauch langsam nachlassen und die Beziehung mehr „Normalität" bekommt.

Dass die starken Gefühle der Verliebtheit irgendwann nachlassen, ist übrigens völlig natürlich. Dann kann aus Verliebtheit echte Liebe entstehen. Verliebtheit beruht hauptsächlich auf *Gefühlen* – Liebe fühlt sich nicht mehr so extrem an wie Verliebtheit, sondern ist vor allem eine *Entscheidung*, für den anderen da zu sein – trotz seiner Schwächen und Fehler –, und Seite an Seite mit ihm durchs Leben zu gehen.

Streit und Stress

Früher oder später entsteht der erste Streit. Das kann ein kleines Missverständnis sein oder ein größerer Vertrauensbruch – auf jeden Fall stellt ein Konflikt jedes Paar vor eine große Herausforderung. Jetzt gilt es, herauszufinden, ob eure Beziehung auch Krisen standhalten kann. Hier ein paar Tipps für gutes Streiten:

Tipps für gutes Streiten

→ Seid ehrlich zueinander und redet offen über eure Gefühle.

→ Versucht einander keine Vorwürfe zu machen. Redet lieber in Ich-Botschaften. Das heißt, dass ihr dem anderen nicht vorwerft, was er alles falsch macht, sondern ihm neutral sagt, was er getan hat – und was das in euch auslöst. Ein Beispiel:
Dein Freund hat das Treffen mit dir verschoben, weil er angeblich krank war. Du erfährst aber im Nachhinein, dass er sich stattdessen mit ein paar Kumpels getroffen hat. Wenn du ihm dann an den Kopf wirfst: „Du bist total mies und gemein! Anscheinend bist du lieber mit deinen Freunden als mit mir zusammen!", wäre das ein Vorwurf. Es wäre verständlich, wenn du so etwas sagst – allerdings wirkt das auf deinen Freund mit Sicherheit wie ein „Angriff". Er wird sich vermutlich provoziert fühlen, sich verteidigen beziehungsweise dir wiederum Vorwürfe machen. Stattdessen könntest du sagen: „Du hast mir abgesagt und behauptet, du seist krank. Stattdessen hast

*du dich aber mit deinen Freunden getroffen. Das fühlt sich
für mich richtig mies an – so, als wenn du lieber mit deinen
Freunden etwas unternimmst als mit mir! Und es macht
mich traurig, dass du nicht ehrlich zu mir warst."* So lässt
du deinen Freund wissen, wie du dich fühlst, ohne gleich
aggressive „Streit-Stimmung" aufkommen zu lassen.

→ Keine körperlichen Angriffe! So wütend man auch sein
kann – schubsen, schlagen, treten oder Ähnliches sollte
immer tabu sein. Lasse dich nie zu so etwas hinreißen.
Und wenn dein Freund handgreiflich wird, verlasse die
Situation sofort und rede mit einer vertrauten Person
darüber.

→ Frage, was in dem anderen vorgeht. Wenn du offen
über deine Gefühle gesprochen hast, solltest du deinen
Freund fragen, was in ihm vorgeht, und ihm erst einmal
zuhören. Im oben genannten Beispiel könntest du zum
Beispiel fragen: „Ich verstehe einfach nicht, warum du
das gemacht hast. Kannst du mir erklären, warum du
mich angelogen hast?"

→ Begrenzt den Streit zeitlich. Wenn man zu lange streitet,
fängt man häufig an, sich gegenseitig runterzumachen
und sich gedanklich nur noch im Kreis zu drehen. Das
wirklich Wichtige ist meist nach spätestens einer halben
Stunde gesagt. Wenn ihr nach dieser Zeit noch immer zu
keiner Lösung kommt, ist es vermutlich sinnvoll, erst einmal eine Pause einzulegen – und euch noch mal zusam-
menzusetzen, wenn ihr beide etwas Abstand habt.

→ Seid bereit, einander zu vergeben: Wir machen alle Fehler. In jeder Beziehung gibt es auch Krisen, und es passiert uns Menschen immer wieder, dass wir einander

verletzen. Das ist normal. Wenn man eine schwierige Phase gemeinsam bewältigt hat, und einander immer wieder vergibt und an der Beziehung arbeitet, dann wird die Liebe immer stärker.

→ Manchmal sind die Konflikte so schlimm, dass man allein nicht herausfindet, oder man sich fragt, ob man einander wirklich guttut. Wenn das der Fall ist, dann holt euch Hilfe: Sprecht mit Erwachsenen darüber. Wenn du nicht mit deinen Eltern oder anderen Erwachsenen reden magst, kannst du dich auch an eine Beratungsstelle wenden, wie zum Beispiel die „Nummer gegen Kummer". Infos und Adressen findest du im Anhang.

Gibt es für jede einen „Mr Right" – und wie finde ich meinen Traumprinzen?

Ich behaupte, dass es für die meisten Menschen mindestens einen anderen Menschen gibt, mit dem sie gut zusammenpassen würden und gute Chancen auf eine glückliche Beziehung hätten. Warum „mindestens einen"? Na ja, weil es vermutlich auf dieser großen, weiten Welt nicht nur einen, sondern mehrere Menschen gibt, die du lieben könntest und mit denen du ganz gut harmonieren würdest. So finden Menschen, deren Ehepartner verstorben ist, ja auch oft nach einer gewissen Zeit einen anderen Partner und somit ein zweites Glück.

Gleichzeitig denke ich, dass es eben nicht mit jedem passt. Bestimmte Charaktere tun sich mit bestimmten Eigenschaften des Partners einfach schwer, und es ist wichtig, dass gewisse Werte und Lebensziele miteinander in Einklang gebracht werden können. Deshalb dauert es manchmal eine ganze Weile, bis man wirklich jemanden findet, mit dem man sich vorstellen kann, sein Leben zu verbringen.

Und ist es auch möglich, dass das nie passiert – dass man keinen Partner findet? Der Apostel Paulus deutet in der Bibel an, dass es durchaus Vorteile hat, Single zu bleiben: Man kann sich vollkommen frei und ungebunden für das, was einem am Herzen liegt, einsetzen. Man kann ohne jede familiäre Einschränkung Gott und anderen Menschen dienen. Doch Paulus betont auch, dass diese Lebensform nur zu einigen Menschen passt. Es scheint also, als gäbe es Menschen, die dazu berufen sind, Single zu sein. Einige spüren das früh, und empfinden diese Lebensform als richtig und passend, auch wenn vielleicht trotzdem manchmal die Sehnsucht nach einem Partner da ist. Andere suchen eine lange Zeit nach ihrem „Mr Right", und kommen dann nach und nach zu dem Schluss, dass das Leben zu zweit möglicherweise gar nicht das ist, was zu ihnen passt. Das sind Entwicklungen, die sehr individuell sind. Es ist gut, wenn du generell für alles offen bist, und Gott immer wieder bittest, dich einen Weg zu führen, der zu deinen Stärken und Aufgaben in dieser Welt passt.

Doch gehen wir erst einmal davon aus, dass auch für dich mindestens ein Mensch existiert, der für dich dein Traumprinz werden kann – was ziemlich wahrscheinlich ist. Nur: Wie findet man diesen?

Dafür ist es zunächst hilfreich, wenn du weißt, was du willst:

→ Was ist dir im Leben und in einer Beziehung wichtig?
→ Was möchtest du erreichen, welche Werte bedeuten dir viel?
→ Wie möchtest du gern leben, wenn du erwachsen bist? Träumst du zum Beispiel von einer großen Familie?
→ Ist es dir wichtig, dich beruflich stets weiterzuentwickeln und einen Mann an deiner Seite zu haben, der die gleiche Verantwortung wie du in der Kinderbetreuung und im Haushalt übernimmt?
→ Welche Einstellungen oder Charaktereigenschaften darf dein Traumprinz auf keinen Fall haben?

Solche Fragen helfen, den Blick zu schärfen, um besser erkennen zu können, welcher Junge zu dir passen könnte.

Natürlich braucht es Gelegenheiten, überhaupt Jungen kennenzulernen.

Deshalb: Werde aktiv und wage dich unter Leute! Ein Ehrenamt (zum Beispiel im Bereich Umweltschutz, in der Stadtbücherei oder bei der örtlichen „Tafel"), kann ein guter Weg sein, engagierte Jungen kennenzulernen. Wenn du gerne Sport treibst, sind Vereine eine gute Möglichkeit, sportvernarrte Jungen zu treffen. In Theatergruppen sind meist kreative Typen unterwegs und bei christlichen Freizeiten oder Missionseinsätzen tummeln sich vermutlich Jungs, denen es sehr wichtig ist, sich mit ihrem Glauben auseinanderzusetzen. Aber natürlich kannst du auch Veranstaltungen mit einem gemischten Publikum besuchen – Zeltlager, Jugendgruppen, Tanzschule, Konzerte etc.

Das klingt jetzt alles sehr strategisch, deshalb an dieser Stelle der Hinweis: Bleib locker! Auf keinen Fall solltest du deine Freizeit danach ausrichten, wo du die meisten Chancen hast, deinem „Mr Right" zu begegnen. Denn oft genug trifft man diesen gerade da, wo man es am wenigsten erwartet hätte! Suche dir also deine Aktivitäten in erster Linie danach aus, was dich selbst interessiert und genieße die Zeit dort – ohne ständig nach einem potenziellen Traumprinzen Ausschau zu halten. Koste deine Jugendzeit aus, entwickle dich weiter, lerne dazu und investiere in Freundschaften, tue Gutes, gehe mit offenen Augen durch die Welt – und vertraue darauf, dass der richtige Zeitpunkt für die große Liebe kommen wird. Dann, wenn die Zeit reif ist.

Muss mein Partner Christ sein?
Vielleicht hast du dir auch schon die Frage gestellt, wie wichtig es ist, dass dein Freund ebenfalls an Gott glaubt. Wie bei so vielen grundlegenden Entscheidungen gibt es auch hier keine eindeutige Antwort.
Sicher ist, dass es viele Vorteile hat, wenn ein Paar sich in so einem wichtigen Thema wie dem Glauben einig ist. Man kann zusammen beten, man versteht, warum dem anderen bestimmte Werte wie Ehrlichkeit, Nächstenliebe usw. wichtig sind – und man kann sich auch auf dem Weg mit Gott gemeinsam weiterentwickeln. Es wird aber meist ziemlich kompliziert, wenn dem einen der Glaube total wichtig ist und

der andere das gar nicht versteht. Am Anfang scheint das oft kein Problem zu sein, weil die Verliebtheit alle Schwierigkeiten verdrängt. Aber je länger ein Paar zusammen ist, desto häufiger werden verschiedene Glaubensansichten zum Problem. Was ist, wenn beispielsweise ein gläubiges Mädchen den starken Eindruck hat, dass Gott sie nach der Schule in die Mission beruft? Damit werden die meisten Jungen, die nicht gläubig sind, kaum etwas anfangen können. Ähnliche Probleme können natürlich auch später in einer Ehe auftreten. Auch die Haltung zu Sexualität, Drogen und Alkohol kann sehr verschieden sein, wenn der eine Christ ist und der andere nicht.

Es geht hier also nicht um die Frage „Ist es erlaubt oder nicht?", sondern darum, dass du dich ganz bewusst damit auseinandersetzt, wenn der Junge, den du liebst, deinen Glauben nicht teilt.

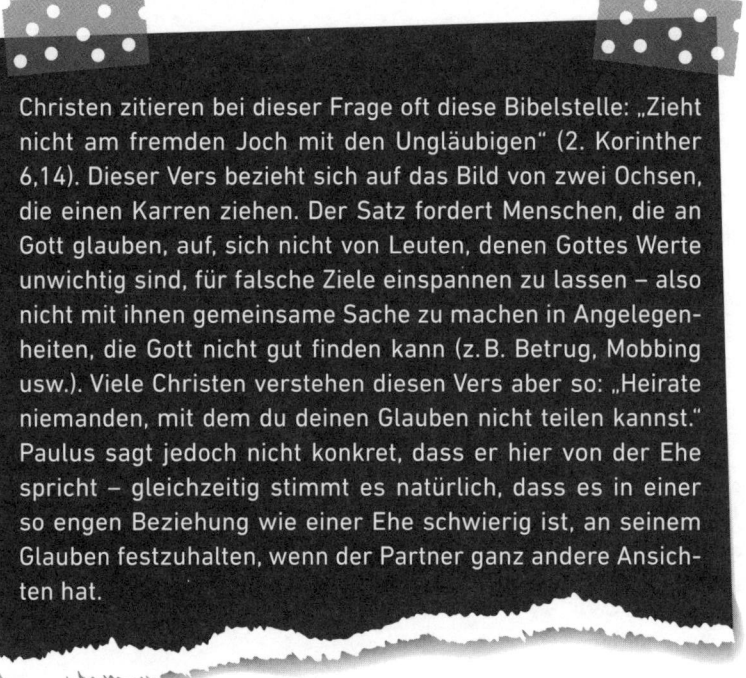

Christen zitieren bei dieser Frage oft diese Bibelstelle: „Zieht nicht am fremden Joch mit den Ungläubigen" (2. Korinther 6,14). Dieser Vers bezieht sich auf das Bild von zwei Ochsen, die einen Karren ziehen. Der Satz fordert Menschen, die an Gott glauben, auf, sich nicht von Leuten, denen Gottes Werte unwichtig sind, für falsche Ziele einspannen zu lassen – also nicht mit ihnen gemeinsame Sache zu machen in Angelegenheiten, die Gott nicht gut finden kann (z. B. Betrug, Mobbing usw.). Viele Christen verstehen diesen Vers aber so: „Heirate niemanden, mit dem du deinen Glauben nicht teilen kannst." Paulus sagt jedoch nicht konkret, dass er hier von der Ehe spricht – gleichzeitig stimmt es natürlich, dass es in einer so engen Beziehung wie einer Ehe schwierig ist, an seinem Glauben festzuhalten, wenn der Partner ganz andere Ansichten hat.

Mein Mann Simon erzählt:

Bei uns beiden war es genauso: Melanie war überzeugte Christin – ich konnte damit gar nichts anfangen. Melanie hat ziemlich viel überlegt, ob das klappen kann. Sie hat, bevor sie den Versuch mit mir wagte, viele Wochen lang immer wieder Gott gefragt, mit vertrauten Menschen gesprochen und mich in vielen Gesprächen erst einmal kennengelernt und sich mit mir über den Glauben ausgetauscht. Auch ihre Werte – wie beispielsweise der verantwortungsbewusste Umgang mit Sexualität – hat sie mir erklärt, und mir erzählt, was der Glaube für ihr Leben bedeutet. Schließlich hatte sie, trotz unserer unterschiedlichen Ansichten, den Eindruck: „Der ist es!" Nach einigen Jahren, in denen wir beide viel miteinander diskutiert und voneinander gelernt haben, habe ich mich tatsächlich auch zum christlichen Glauben bekannt. Vorher war es aber gar nicht immer so einfach! Und wenn Melanie sich vorstellt, dass das nicht passiert wäre, dann wären die Kindererziehung, die Lebensgestaltung usw. schon deutlich herausfordernder für sie als es jetzt ist. Übrigens zerbrechen nicht wenige Beziehungen daran, weil einfach das Verständnis füreinander fehlt...

Nimm also die Unterschiede zwischen euch nicht auf die leichte Schulter, und gönne dir und deinem Traumprinzen Zeit, euch ganz viel über eure Einstellungen, Werte und Weltansichten auszutauschen.

It's getting hot in here ... Küsse und mehr

Leonie greift zum Telefon, um Mara anzurufen. Erleichtert atmet sie auf, als diese abnimmt. Leonie muss unbedingt mit jemandem reden!

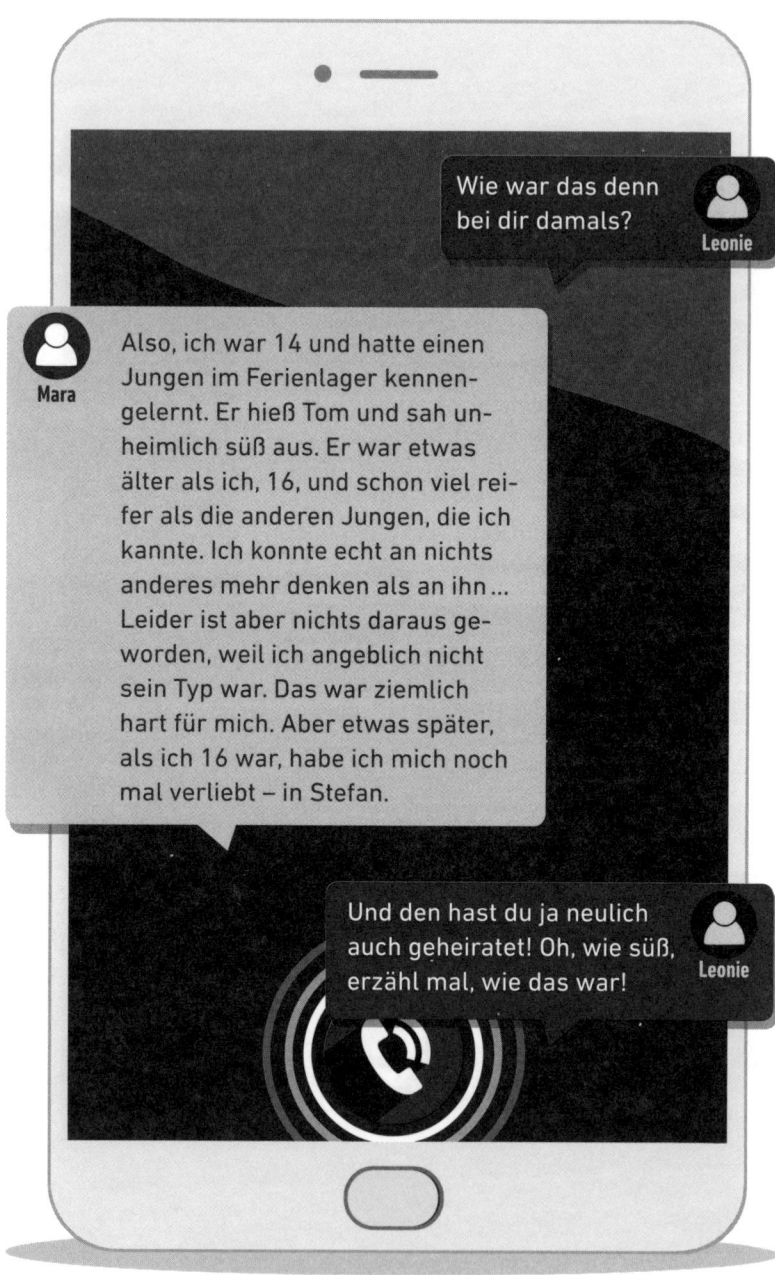

Leonie: Wie war das denn bei dir damals?

Mara: Also, ich war 14 und hatte einen Jungen im Ferienlager kennengelernt. Er hieß Tom und sah unheimlich süß aus. Er war etwas älter als ich, 16, und schon viel reifer als die anderen Jungen, die ich kannte. Ich konnte echt an nichts anderes mehr denken als an ihn ... Leider ist aber nichts daraus geworden, weil ich angeblich nicht sein Typ war. Das war ziemlich hart für mich. Aber etwas später, als ich 16 war, habe ich mich noch mal verliebt – in Stefan.

Leonie: Und den hast du ja neulich auch geheiratet! Oh, wie süß, erzähl mal, wie das war!

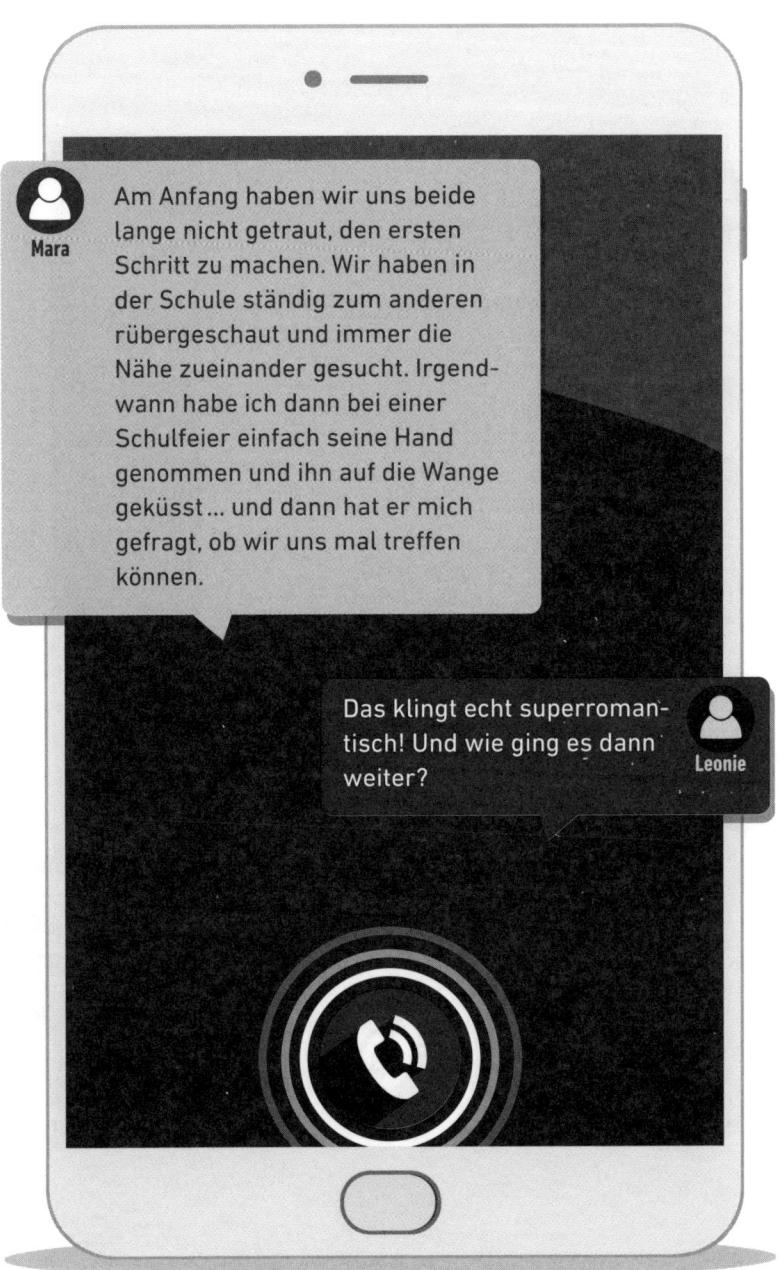

Mara: Am Anfang haben wir uns beide lange nicht getraut, den ersten Schritt zu machen. Wir haben in der Schule ständig zum anderen rübergeschaut und immer die Nähe zueinander gesucht. Irgendwann habe ich dann bei einer Schulfeier einfach seine Hand genommen und ihn auf die Wange geküsst ... und dann hat er mich gefragt, ob wir uns mal treffen können.

Leonie: Das klingt echt superromantisch! Und wie ging es dann weiter?

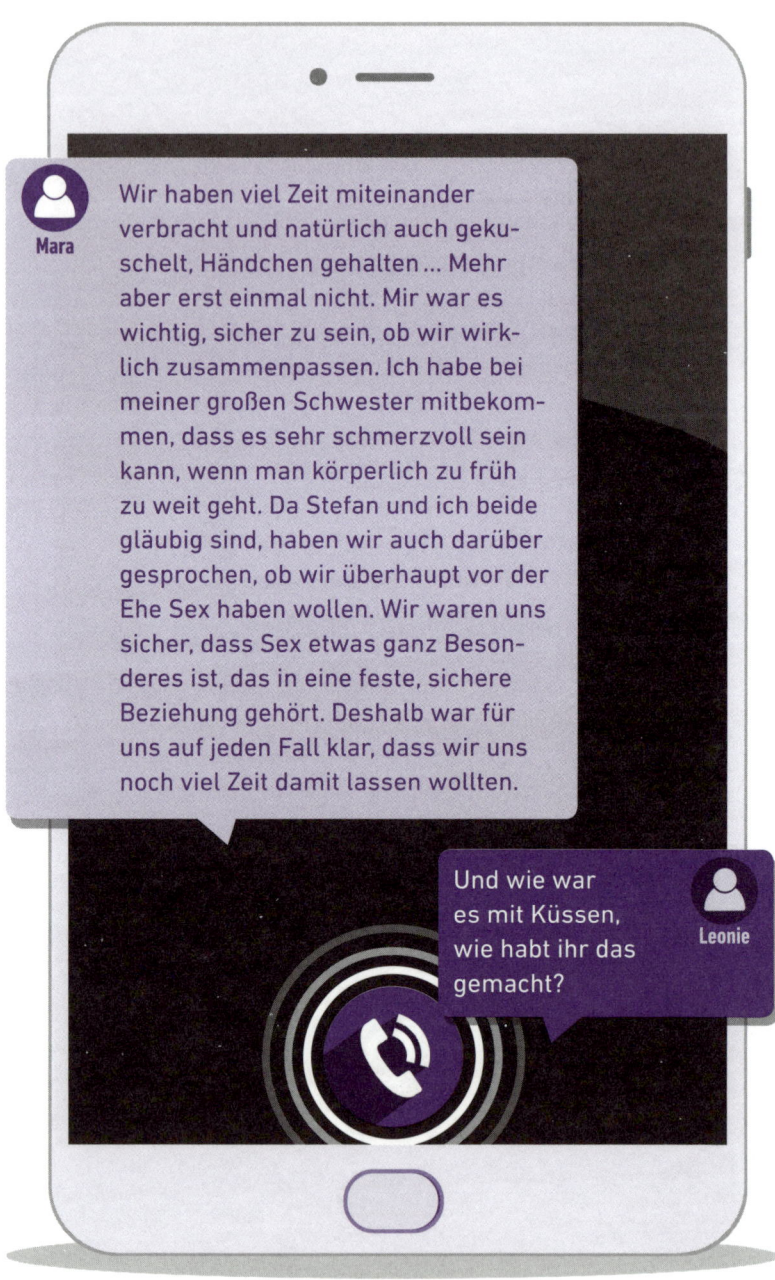

Mara: Wir haben viel Zeit miteinander verbracht und natürlich auch gekuschelt, Händchen gehalten ... Mehr aber erst einmal nicht. Mir war es wichtig, sicher zu sein, ob wir wirklich zusammenpassen. Ich habe bei meiner großen Schwester mitbekommen, dass es sehr schmerzvoll sein kann, wenn man körperlich zu früh zu weit geht. Da Stefan und ich beide gläubig sind, haben wir auch darüber gesprochen, ob wir überhaupt vor der Ehe Sex haben wollen. Wir waren uns sicher, dass Sex etwas ganz Besonderes ist, das in eine feste, sichere Beziehung gehört. Deshalb war für uns auf jeden Fall klar, dass wir uns noch viel Zeit damit lassen wollten.

Leonie: Und wie war es mit Küssen, wie habt ihr das gemacht?

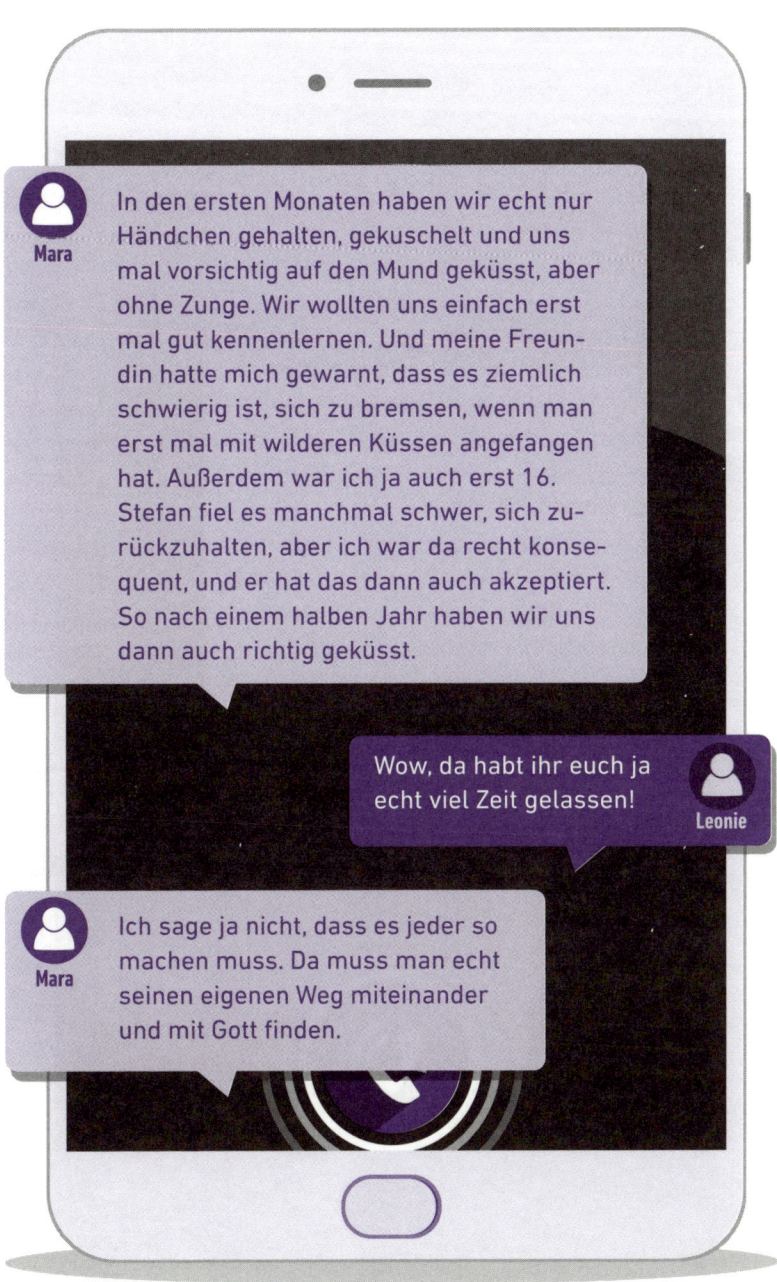

Mara: In den ersten Monaten haben wir echt nur Händchen gehalten, gekuschelt und uns mal vorsichtig auf den Mund geküsst, aber ohne Zunge. Wir wollten uns einfach erst mal gut kennenlernen. Und meine Freundin hatte mich gewarnt, dass es ziemlich schwierig ist, sich zu bremsen, wenn man erst mal mit wilderen Küssen angefangen hat. Außerdem war ich ja auch erst 16. Stefan fiel es manchmal schwer, sich zurückzuhalten, aber ich war da recht konsequent, und er hat das dann auch akzeptiert. So nach einem halben Jahr haben wir uns dann auch richtig geküsst.

Leonie: Wow, da habt ihr euch ja echt viel Zeit gelassen!

Mara: Ich sage ja nicht, dass es jeder so machen muss. Da muss man echt seinen eigenen Weg miteinander und mit Gott finden.

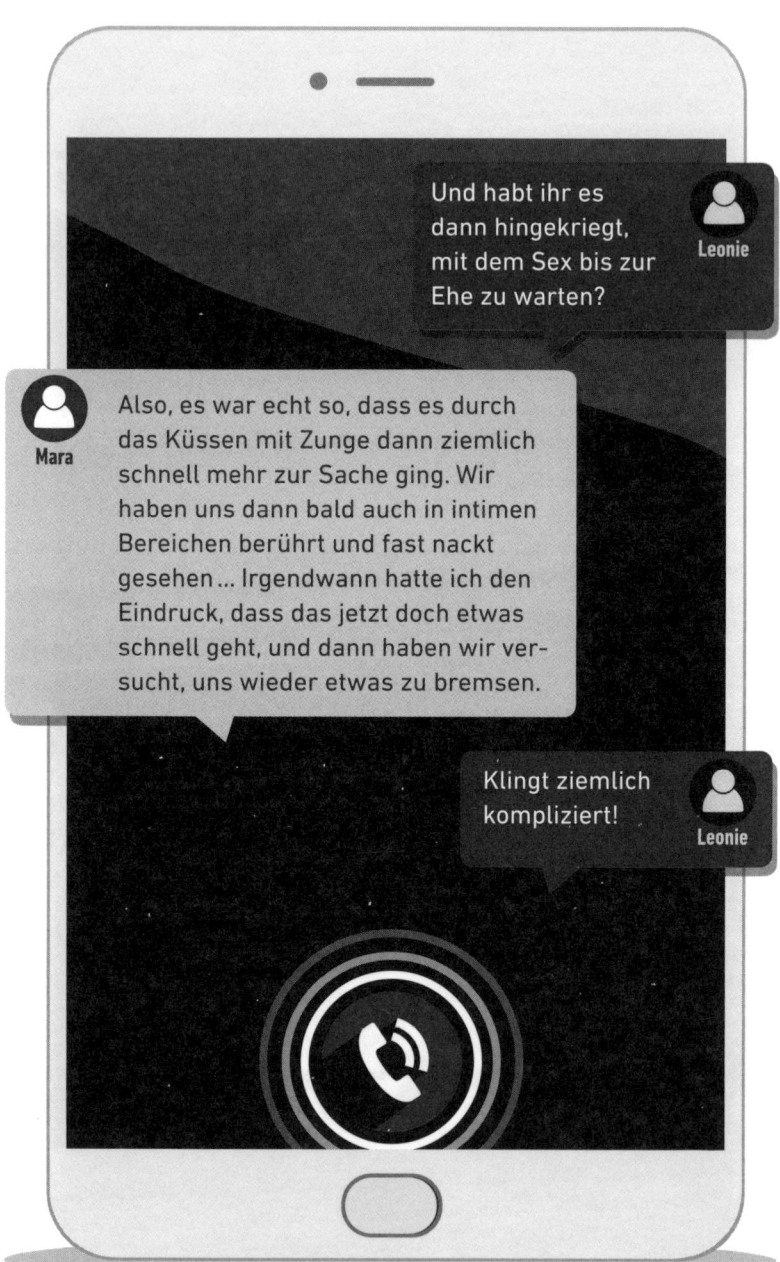

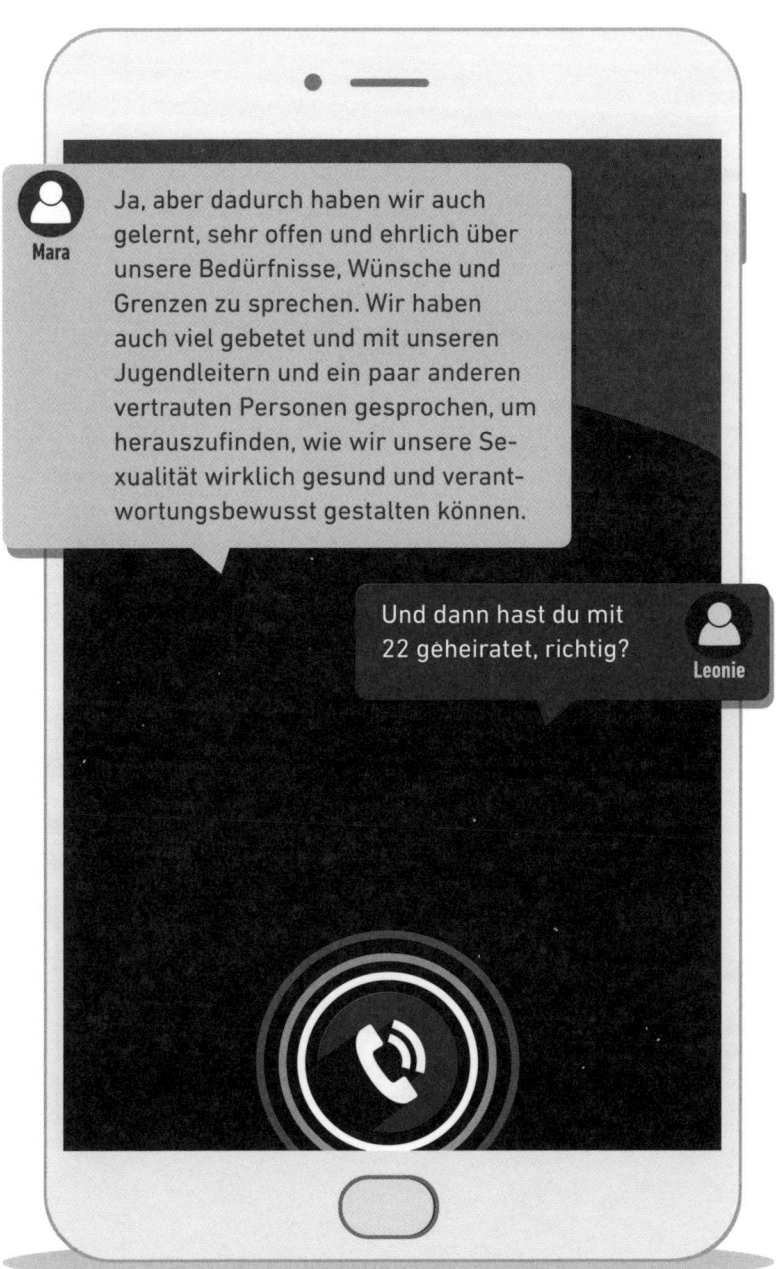

Ja, aber dadurch haben wir auch gelernt, sehr offen und ehrlich über unsere Bedürfnisse, Wünsche und Grenzen zu sprechen. Wir haben auch viel gebetet und mit unseren Jugendleitern und ein paar anderen vertrauten Personen gesprochen, um herauszufinden, wie wir unsere Sexualität wirklich gesund und verantwortungsbewusst gestalten können.

Mara

Und dann hast du mit 22 geheiratet, richtig?

Leonie

Mara

Ja, genau. Da waren wir uns einfach sicher, dass wir zusammengehören. Miteinander geschlafen haben wir tatsächlich erst nach der standesamtlichen Hochzeit. Ich habe auch Freunde, die sich vor der Ehe noch nicht einmal geküsst haben – oder eben nur geküsst, aber alles andere gelassen haben. Andere Freunde von mir haben schon vor der Hochzeit miteinander geschlafen haben, und sind überzeugt, dass das weder für ihre Beziehung noch für Gott ein Problem war. Wichtig finde ich auf jeden Fall, keine überhöhten Erwartungen an die ersten Male Sex zu haben. Gerade wenn man lange wartet, kann das ja schnell passieren, dass man dann das großartige Erlebnis erwartet... In der Realität ist es aber so, dass anfangs oft alles noch nicht so klappt und es sich erst einmal einspielen muss.

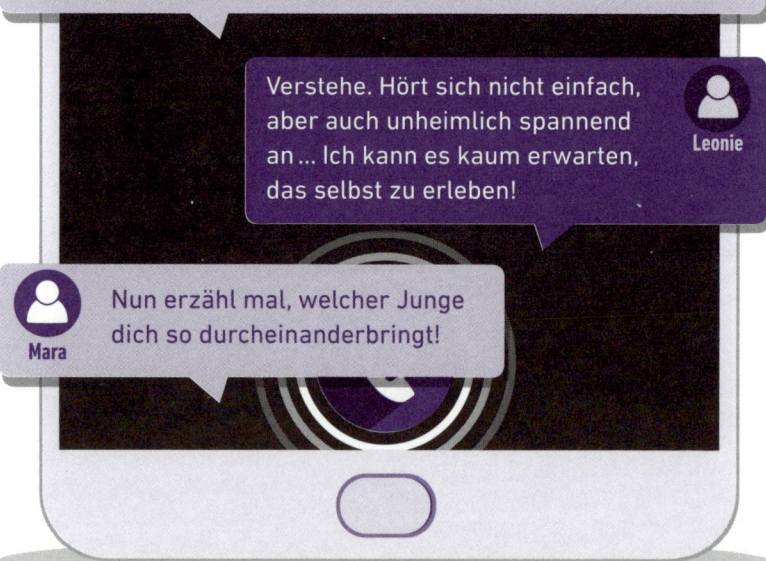

Leonie

Verstehe. Hört sich nicht einfach, aber auch unheimlich spannend an... Ich kann es kaum erwarten, das selbst zu erleben!

Mara

Nun erzähl mal, welcher Junge dich so durcheinanderbringt!

Der Liebe Zeit lassen

Wenn du verliebt bist und endlich klar ist, dass der Junge deines Herzens diese Gefühle erwidert, dann werden früher oder später auch die Themen „Küssen" und „Sex" wichtig werden. Am Anfang ist es schon ein großer Schritt, Händchen zu halten und sich einfach nur zu umarmen. Genieße diese Zeit, anstatt die Dinge zu überstürzen! Wenn dein Liebster mal zu stürmisch ist, und du merkst, dass du eigentlich noch gar nicht so weit bist, dann trau dich, ihm das klarzumachen. Drücke ihn sanft zurück und erkläre ihm, dass dir das noch zu früh ist. Wenn du dem Jungen wirklich wichtig bist, wird er bereit sein zu warten.

Apropos Warten: Vielleicht fragst du dich ja jetzt, wann denn nun der richtige Zeitpunkt für den ersten richtigen Kuss ist – oder dafür, sich im Intimbereich zu berühren oder sogar miteinander zu schlafen. Wie schon gesagt, ist es immer sinnvoll, all das langsam anzugehen. Im Zweifel ist es klüger, ein bisschen länger zu warten, als zu schnell vorzupreschen und sich dann total unwohl oder überfordert zu fühlen. Die körperliche Beziehung braucht viel Zeit und Ruhe, um sich gut entwickeln zu können. Nur so wird es wirklich schön und intensiv für beide Beteiligten sein. Manchmal spielen die Hormone total verrückt und man kann sich kaum zügeln, aber gerade dann ist es oft besser, sich und den Partner zu schützen, indem man erst einmal in Ruhe bespricht, ob beide sich für den nächsten Schritt bereit fühlen – und was dafür und was dagegen spricht. Wenn ihr es langsam angeht, habt ihr die Chance, „stopp" zu sagen, bevor ihr körperlich zu weit gegangen seid.

Küssen und miteinander schlafen

Küssen ist etwas, das viele Verliebte nach einigen Wochen oder Monaten des näheren Kennenlernens ausprobieren. Am Anfang vielleicht ganz vorsichtig, später dann auch mit Zunge. Auch Küssen ist übrigens Übungssache! Die ersten Küsse fühlen sich manchmal noch nicht richtig gut an, weil man sich erst aufeinander einstellen muss. Also keine Panik, das ist völlig normal.

Früher oder später wird bei dir vielleicht die Frage aufkommen, ob du mit deinem Freund im gleichen Zimmer übernachten sollst – oder nicht. Je nachdem, wie alt du bist, haben hier natürlich auch deine Eltern Mitspracherecht. Auch wenn es nicht immer einfach ist: Versuche, die Ansichten deiner Eltern ernst zu nehmen. Sie haben schon mehr Erfahrung mit Partnerschaften als du, und es ist ihre Pflicht, in diesen Fragen Verantwortung zu übernehmen, solange du noch nicht volljährig bist.

Was du und dein Freund euch klarmachen solltet, ist, dass das gemeinsame Schlafen in einem Bett schon eine ziemlich „heiße" Situation ist, die euch dazu bringen könnte, weiter zu gehen, als ihr eigentlich wollt. Deshalb ist es sinnvoll, nicht zu früh in einem Bett zu schlafen. Ihr solltet auf jeden Fall schon eine ganze Weile zusammen sein und euch wirklich gut kennen.

Lasst euch nicht einfach überraschen, sondern überlegt euch vorher gut, wie weit ihr gehen wollt, und setzt gemeinsam klare Grenzen. Ganz sicher ist, dass es ziemlich schwierig ist, in so einer Situation nicht doch weiterzugehen! Seid ehrlich zu euch selbst: Wie nah könnt ihr euch kommen, ohne die Kontrolle zu verlieren? Wenn ihr merkt, dass euch das gemeinsame Übernachten in ziemliche Versuchung bringt, obwohl ihr eigentlich noch mit dem Sex warten wollt, dann macht es euch nicht unnötig schwer! Und wenn ihr euch selbst nicht sicher seid, was wann dran ist, dann redet mit Erwachsenen und bleibt im Austausch miteinander. Manchmal merkt man auch erst im Nachhinein, dass etwas einfach doch noch nicht dran ist – auch das ist nichts Ungewöhnliches. Redet offen darüber und seid bereit, auch mal einen Schritt zurückzugehen, wenn einer von euch oder ihr beide noch Zeit braucht.

Ist Sex vor der Ehe Sünde?

Wenn du Christ bist und es dir wichtig ist, Gottes Meinung zum Thema Sex zu erfahren, dann hast du dir vielleicht schon mal die Frage gestellt, ob Sex vor der Ehe Sünde ist oder nicht. Kurze Gegenfrage: Was ist eigentlich Sünde? Was du darunter verstehst, ist nämlich wichtig, um die Frage zu beantworten. Aber schauen wir erst einmal, was meistens mit dieser Frage gemeint ist, nämlich: Ist Sex vor der Ehe aus christlicher Sicht falsch?

Christen schauen üblicherweise in die Bibel, um Antworten auf solche Fragen zu finden. Und wenn man mal ganz offen und ehrlich nachliest, was die Bibel zu diesem Thema sagt, muss man zugeben: Sex außerhalb der Ehe wird hier ziemlich negativ bewertet. So sagt Paulus in 1. Korinther 7,9: „Wenn sie aber nicht enthaltsam leben können, dann sollen sie heiraten. Das ist besser, als vor Begierde zu brennen" (NeÜ). Und im Alten Testament gilt die Regel: „Wenn jemand eine noch nicht verlobte junge Frau verführt und mit ihr schläft, muss er den Brautpreis bezahlen und sie heiraten" (2. Mose 22,15). Das zeigt: Aus biblischer Sicht hängt Sex ganz eng mit der Ehe zusammen. Er gehört in die Ehe, und sollte er doch vorher stattfinden, ergibt sich daraus die Pflicht zu heiraten.

Klar ist aber auch, dass das Leben junger Menschen zu Zeiten der Bibel völlig anders war als heute. Im Grunde gab es gar keine Jugend – man war ein Kind, und sobald man geschlechtsreif wurde (manchmal sogar vorher), hat man recht bald geheiratet. Im Alter von 12 bis 16 Jahren zu heiraten war die Regel – da ist natürlich Sex vor der Ehe kein so großes Thema wie heute! Wenn die Autoren der Bibel also von Sex außerhalb der Ehe reden, denken sie vermutlich eher an verheiratete Menschen, die ihren Ehepartner betrügen, oder an Unverheiratete, die ihre Geschlechtspartner ständig wechseln. Auf jeden Fall kennen sie nicht die Situation von jungen Menschen, die über längere Zeit ein Paar sind, ohne verheiratet zu sein. Teenager, die eine verbindliche Partnerschaft führen, aber noch nicht heiraten, weil das kulturell einfach nicht üblich ist – das gab es damals nicht.

Und da kommen wir zur wesentlichen, richtig schwierigen Frage: Welche Aussagen der Bibel gelten heute noch wortwörtlich genauso wie damals? Denn es gibt ja auch andere Inhalte der Bibel, bei denen wir sagen: „Das gilt heute so nicht mehr." So schreibt Paulus beispiels-weise, dass Frauen zum Beten ihr Haar verhüllen müssen und dass Männer keine langen Haare haben dürfen (1. Korinther 11,2–14). Und auch Paulus' Ansicht, dass Frauen sich ihren Männern unterordnen sollen und dass Frauen in der Gemeinde nicht reden dürfen, verstehen viele Christen heute eher als Haltung der damaligen Zeit, die heute so nicht mehr gilt (siehe 1. Petrus 3,5–6).

Hat Gott also etwas dagegen, wenn junge Menschen, die sich gut ken-nen, schon länger zusammen sind und fest planen, später zu heira-ten, miteinander schlafen? Allein der Blick in die Bibel gibt uns darauf keine klare Antwort. Wir müssen daher etwas weiterdenken und über-legen, wie der Sinn der Bibelworte in unser Leben heute übertragen werden kann.

Was ist überhaupt Sünde – und wie merke ich, was Gott will?

Sünde bedeutet nicht in erster Linie „Fehltritt" oder „moralischer Feh-ler". Viel wichtiger ist die eigentliche Bedeutung des Wortes: „Tren-nung von Gott". Sünde ist also ein Zustand, in dem wir von Gott ge-trennt sind. Oder, anders gesagt: Sündigen heißt, etwas zu tun, das dazu führt, dass ich mich innerlich von Gott trenne.

Ein paar Beispiele: Wenn du vorhast, jemanden zu bestehlen, dann kannst du das nicht zusammen mit Gott tun. Denn dein Gewissen und die Bibel sagen dir, dass Gott Diebstahl nicht okay findet. Oder: Wenn du über jemanden lästerst, dann bist du in dem Moment nicht mit Gott verbunden – denn Gott möchte nicht, dass wir andere schlecht ma-chen.

Wenn du also überlegst, ob Sex für dich zum jetzigen Zeitpunkt richtig wäre, dann überlege doch mal: Kannst du diesen Schritt mit deinem Glauben an Gott vereinbaren? Kannst du guten Gewissens Sex haben, wenn du daran denkst, dass Gott das sieht und Bescheid weiß? Oder hast du das Gefühl, dich lieber vor Gott verstecken zu wollen, weil du innerlich spürst, dass es noch zu früh ist?

Klar, wir sind in der Sache „Sex vor der Ehe" auch geprägt von dem, was andere uns sagen, sodass unser Bauchgefühl allein nicht reicht. Deshalb empfehle ich dir: Rede mit Gott ganz offen über diese Frage.

Sage ihm, was für dich dafür spricht, Sex zu haben, aber auch, was dagegen spricht. Manchmal hilft es auch, das aufzuschreiben. Und bitte Gott, dir zu helfen, eine gute Entscheidung zu treffen. Lass dir Zeit für diesen Prozess – und gib Gott Zeit, dir zu antworten. Solange du dir nicht sicher bist, vereinbare erst einmal mit deinem Freund, keinen Sex zu haben, und überlegt ehrlich und auch im Gebet, wo Sex für euch beginnt.

Die wenigsten Menschen sagen, dass sie es bereuen, mit dem Sex zu lange gewartet zu haben. Im Gegensatz dazu gibt es aber viele, die bereuen, zu früh angefangen und damit eine eigentlich so wertvolle Erfahrung „vergeudet" zu haben. Du kannst das mit einer Frucht vergleichen, die noch unreif ist. Wer ungeduldig ist, beißt hinein – und ärgert sich dann womöglich, weil sie noch hart ist und bitter schmeckt. Wer hingegen geduldig abwartet, bis die Frucht wirklich reif ist, wird mit einem süßen, leckeren Geschmackserlebnis belohnt.

Wenn du eine Weile diese Frage im Gebet bewegt hast, dann frage dich noch mal: Kannst du diesen Schritt gemeinsam mit Gott gehen? Oder hast du eher den Eindruck, Gott würde dir davon abraten, und du müsstest ihn ignorieren, um Sex zu haben? Wichtig ist, dass du dir auch noch andere Fragen stellst. Dazu mehr im nächsten Abschnitt.

Wann ist der richtige Zeitpunkt für Sex?

Vielleicht kommt es dir manchmal so vor, als hätten fast alle in deinem Alter schon ihr erstes Mal erlebt. Aber keine Sorge – häufig ist das nur viel heiße Luft um nichts! Denn Umfragen zeigen, dass mit 14 oder 15 Jahren tatsächlich nur sehr wenige Jugendliche schon Sex hatten. Und auch mit 17 Jahren hatten etwa ein Viertel aller Jugendlichen noch keinen Sex. Interessant ist, dass nur 58 Prozent der Mädchen und 68 Prozent der Jungen den Zeitpunkt ihres ersten Mals rückblickend richtig finden. Ein Drittel hätte im Nachhinein lieber noch länger gewartet![6]

Mit jemandem zu schlafen ist ein großer, bedeutsamer Schritt. Die

Bibel spricht davon, dass Mann und Frau „ein Fleisch" werden – sie werden dadurch also eng miteinander verbunden. Das lässt sich auch biologisch erklären, denn beim Geschlechtsverkehr wird das Hormon Oxytocin ausgeschüttet, welches Mann und Frau gefühlsmäßig eng aneinander bindet. Diese Bindung wieder zu trennen, bedeutet viel Schmerz und Verletzung.

Das erste Mal ist einfach etwas sehr Besonderes. Deshalb gehört Sex in einen geschützten, sicheren Rahmen. Der sicherste Rahmen ist natürlich die Ehe, denn sie bedeutet ein öffentliches Versprechen beider Partner, einander ein Leben lang zu lieben. Auch das wird nicht selten gebrochen – und doch bedeutet ein solches Versprechen eine gewisse Verbindlichkeit. Deshalb entscheiden sich viele Christen, mit dem Sex bis zur Ehe zu warten. In der Bibel gibt es dazu zwar kein „Gebot", aber aus einigen Versen kann man herauslesen, dass die Autoren selbstverständlich davon ausgehen, dass Sex in die Ehe gehört. Gleichzeitig waren die Zeiten damals natürlich ganz anders als heutzutage, wie bereits auf S. 59 erklärt.

Dennoch bleibt es so, dass das Eheversprechen eine besondere Verbindlichkeit und Sicherheit bedeutet. „Kein Sex vor der Ehe" kann daher eine hilfreiche Orientierungshilfe sein. Denn es gibt durchaus viele Argumente, Sexualität nur in einem verbindlichen Rahmen auszuüben:

→ **Keine Verhütungsmethode ist zu hundert Prozent sicher.**
Nur der komplette Verzicht auf Sex bietet hundertprozentigen Schutz vor einer Schwangerschaft. Kondome haben einen Pearl Index von 2–6, das heißt, zwei bis sechs von hundert Frauen, die mit Kondom verhüten, werden innerhalb eines Jahres dennoch schwanger. Hormonelle Verhütungsmittel wie die Pille sind sicherer, sie hat einen Pearl Index von 0,1. Das bedeutet, dass von 8 Millionen Frauen in Deutschland immerhin 8000 trotz korrekter Einnahme der Pille schwanger werden! Hinzu kommt, dass die Pille nicht richtig wirkt, wenn man innerhalb der ersten drei bis vier

Stunden nach der Einnahme erbricht oder Durchfall hat oder gleichzeitig andere Medikamente wie zum Beispiel Antibiotika einnimmt. Also: Wer Sex hat, muss dem Risiko, ein Baby zu zeugen, ins Auge sehen. Deshalb sollte man immer überlegen: Kämen wir damit zurecht?

→ **Erinnerungen an frühere Sexpartner** können die Beziehung zum Partner belasten – so kann sich eine Frau fragen, ob der Sex ihres Mannes mit seiner Ex-Freundin besser war oder anders herum. Oder man denkt selbst unabsichtlich an sexuelle Erlebnisse mit verflossenen Liebhabern zurück und vergleicht diese mit der aktuellen Beziehung – obwohl man das eigentlich gar nicht will.

→ **Gerade anfangs fühlt sich Sex oft noch nicht so schön an** und ist manchmal auch peinlich oder unangenehm. Deshalb ist ein geschützter Rahmen ganz wichtig, damit man sich wirklich fallen lassen kann und einander hundertprozentig vertraut.

→ **Sex bewirkt eine besondere Bindung.** Eine Trennung ist oft besonders schmerzhaft, wenn man bereits miteinander geschlafen hat. Die Bibel spricht davon, dass Menschen „ein Fleisch" werden, wenn sie miteinander schlafen. Einige verstehen diese Aussage sogar so, dass für Gott durch Sex bereits so etwas wie eine Ehe entsteht.

→ **Eine Studie aus den USA hat ergeben,** dass Paare, die mit dem Sex bis zur Ehe warten, etwas besser kommunizieren, glücklicher mit ihrer Beziehung sind und auch ihr Sexleben mehr genießen.[7]

Letztlich muss und sollte jedes Paar die Entscheidung, was genau wann passieren soll, selbst treffen – nach sorgfältiger Überlegung und im ehrlichen Dialog mit Gott. Wichtig ist, alles reiflich zu überlegen, nicht aus dem Hormonrausch heraus zu handeln und möglichst auch mit anderen Menschen darüber zu sprechen.

Wie bei allen Themen gilt: Urteilt nicht! Es gibt Christen, die in einer dauerhaften, verbindlichen Partnerschaft schon vor dem eigentlichen Eheversprechen miteinander schlafen und das gut mit ihrem Glauben vereinbaren können, weil sie ehrlich mit Gott darüber gesprochen und überlegt haben, ob dieser Schritt dran ist. Dann gibt es Christen, die den eigentlichen Sex für die Ehe aufsparen, aber andere sexuelle Erfahrungen schon vorher machen. Und wieder andere, die alles, sogar das Küssen, für die Ehe aufheben.

Checkliste: Fragen vor dem ersten Mal

Wenn du ernsthaft überlegst, mit deinem Freund zu schlafen, dann können dir folgende Fragen helfen, eine gute Entscheidung zu treffen:

→ Habe ich mir Zeit gelassen, um darüber nachzudenken, was für und was gegen Sex spricht?

→ Habe ich mit Gott darüber gesprochen und ihn ehrlich gefragt, was er darüber denkt?

→ Kann ich mit meinem Freund schlafen und mir vorstellen, dass Gott diese Entscheidung okay findet?

→ Wie weit sind wir beide in unserer Persönlichkeitsentwicklung? (Je weiter ihr von der Volljährigkeit entfernt seid, desto mehr werdet ihr euch voraussichtlich noch verändern. Und nicht wenige junge Paare bereuen später, zu früh mit dem Sex angefangen zu haben.)

→ Habe ich das Beste für meinen Freund und meine Verantwortung für ihn im Blick – und nicht nur meinen Spaß? Ist mir klar, dass wir einander sehr wehtun könnten, wenn wir nach dem Sex doch nicht zusammenbleiben?

→ Haben wir uns über Geschlechtskrankheiten informiert?

→ Kenne ich meinen Freund richtig gut? Ist er für mich jemand, dem ich wirklich voll und ganz vertraue und vor dem mir (fast) gar nichts peinlich ist?

→ Haben wir über wichtige Werte, Lebensziele und Einstellungen gesprochen?

→ Vertraue ich ihm so sehr, dass es auch okay wäre, wenn das erste Mal peinlich wird oder gar nicht klappt?

→ Sind wir noch mitten im Hormonrausch der Verliebtheit (der dauert meist etwa 12–18 Monate)? Kann ich schon klar benennen, welche Schwächen mein Freund hat, was mich an ihm nervt?

→ Hatten wir schon mal echten Streit und konnten wir den offen klären?

→ Ist die Verhütung geregelt?

→ Weiß ich, wie sicher unsere Verhütungsmethode ist und wann sie nicht funktioniert (z.B. dürfen Kondome nicht mit ölhaltigem Gleitmittel genutzt werden, die Pille kann ihre Wirkung verlieren, wenn man drei bis vier Stunden nach Einnahme Durchfall oder Erbrechen hat oder auch, wenn man zeitgleich Antibiotika nimmt).

→ Sind wir uns beide bewusst, dass kein Verhütungsmittel hundertprozentig sicher ist? Können wir mit dem Risiko, ein Kind zu zeugen, umgehen?

Wo beginnt eigentlich Sex?

Klar, wenn das Genital in die Scheide geführt wird, ist es Sex. Aber wirklich erst dann? Oder was gehört noch alles dazu? Es gibt ja auch viele andere Varianten sexueller Begegnung ... zum Beispiel Oralverkehr – dabei berühren Mann und Frau sich mit dem Mund im Intimbereich. Oder Petting – das bedeutet, dass ein Paar sich gegenseitig an den Geschlechtsteilen streichelt, oft auch bis zum Orgasmus. Zählt das auch zum Sex?

Darüber lässt sich streiten, aber letztlich ist alles, womit man einander bewusst sexuell erregt, eine intime und sexuelle Handlung. Wenn du also zu der Überzeugung kommst, dass Sex in die Ehe gehört, dann bezieht das vermutlich auch Petting und den Oralverkehr mit ein. Falls ihr also überlegt, etwas davon auszuprobieren, dann geht damit genauso verantwortungsbewusst und vorsichtig um wie mit dem Geschlechtsverkehr – und stellt euch die Fragen, die im vorherigen Absatz aufgeführt sind. Verhütung ist beim Petting und Oralverkehr übrigens ebenfalls ein Thema! Denn wenn der Junge aus Versehen die Scheide des Mädchens mit Sperma berührt (weil er beispielsweise nach dem Orgasmus etwas davon an seiner Hand hat oder, auch wenn er keinen Orgasmus hatte, kleine Tropfen ausgetreten sind), ist eine Schwangerschaft möglich!

Schwanger als Jugendliche?

Liebes Tagebuch,

ich bin total durch den Wind. Meine Freundin Sara hat mir heute in der Pause zugeflüstert, dass sie Angst hat, schwanger zu sein. Sie hatte wohl mehrmals mit ihrem Freund Sex und jetzt hat sie seit zwei Wochen ihre Menstruation nicht bekommen ... Sie hatte Tränen in den Augen, als sie mir das erzählt hat, und ich wusste selbst gar nicht, was ich sagen sollte!

Ich wusste nicht mal, dass die beiden schon miteinander schlafen. Sara ist ja auch erst 15 und die beiden sind gerade mal vier Monate zusammen. Sara sagte, dass sie ein Kondom benutzt haben, aber ihr Freund hätte einmal gesagt, dass er wohl aus Versehen ein abgelaufenes benutzt hat ... Jetzt weiß sie überhaupt nicht, an wen sie sich wenden soll. Ihren Freund mag sie nicht ansprechen, weil sie Angst hat, dass er sie sitzen lässt oder total die Nerven verliert. Und bei ihren Eltern kann sie auch gar nicht einschätzen, wie die reagieren.

Ich habe ihr jetzt vorgeschlagen, mit ihr zusammen zur Frauenärztin zu gehen. Morgen hat sie einen Termin. Sie ist extrem nervös – und ich mache mir auch richtig Sorgen! Ich meine, Mama werden mit 15!? Sara ist doch erst in der 9. Klasse! In diesem Alter ist man doch selber noch ein halbes Kind ... Ich weiß echt nicht, was ich an ihrer Stelle machen würde. Eine Abtreibung kann ich mir eigentlich gar nicht vorstellen. Das ist doch ein kleines Leben, das man dann bewusst tötet. Aber so jung schon die Verantwortung für ein Kind zu tragen muss auch unglaublich schwierig sein ...

Nachtrag:

Heute war der Termin - und Sara ist wirklich schwanger. Wir haben beide geheult und die Ärztin hat erst einmal vorgeschlagen, mit Saras Eltern zu telefonieren. Die sind dann auch direkt gekommen und haben einigermaßen okay reagiert. Der Papa war weiß wie die Wand und hat fast gar nichts gesagt, und Saras Mama hat die ganze Zeit geweint, aber hat sie getröstet und gesagt, dass sie ihr helfen wird. Puh! Sara hat dann noch einen Flyer von einer Beratungsstelle bekommen, wo ihre Mutter heute noch einen Termin vereinbaren wird. Mit ihrem Freund will sie auch gleich noch sprechen ... Die Arme tut mir so leid! Sie ist total überfordert und verwirrt. Aber sie hat mir gesagt, dass sie nicht abtreiben möchte. Sie überlegt nun, ob entweder eine Adoption für sie infrage kommt oder ob sie es irgendwie schaffen kann, das Kind zu behalten. Ich würde sie auf jeden Fall unterstützen, indem ich mal babysitte. Aber das normale Leben als Jugendliche ist dann trotzdem vorbei, wenn man ein Kind hat! Wir haben doch gerade erst angefangen, Partys zu feiern, wir genießen unsere Mädelsabende, kichern über Jungen ... und dann soll man plötzlich Mutter sein? Ich frage mich echt, wie das gehen soll!

Leonie

Eine Schwangerschaft im Jugendalter ist eine enorme Herausforderung – man trägt auf einmal eine riesige Verantwortung, obwohl man selbst noch nicht erwachsen ist. Da ist Überforderung quasi vorprogrammiert!

Umso wichtiger ist es, sich gut über das Thema Verhütung zu informieren und niemals ungeschützt Sex zu haben. Wie du bereits auf den vorherigen Buchseiten gelesen hast: Beim ersten Mal kann man genauso schwanger werden wie beim Petting – und auch dann, wenn der Junge sein Genital kurz vor dem Orgasmus herauszieht, denn es können schon vorher Spermatropfen in die Scheide gelangen. Bei

Kondomen sollte man immer darauf achten, dass sie noch nicht abgelaufen sind und dass man nur Gleitgel benutzt, welches für Kondome geeignet ist. Auch die Größe muss stimmen – dazu misst der Junge die Breite seines erigierten Genitals an der dicksten Stelle mit einem Maßband und gibt die Werte in einen Kondomgrößen-Rechner im Internet ein.

Kondome sind auch dann wichtig, wenn die Pille genutzt wird, weil nur sie vor Geschlechtskrankheiten schützen können.

Doch auch das sicherste Verhütungsmittel bietet keinen hundertprozentigen Schutz vor einer Schwangerschaft. Deshalb sollte man sich die Sache mit dem Sex sehr gut überlegen. (Ein paar Fragen, die du dir dazu stellen kannst, findest du auf Seite 64 f.)

Und wenn trotz allem der Fall der Fälle eintritt und du schwanger wirst? Bleibe mit deinen Ängsten nicht allein. Wende dich an eine Schwangerschaftsberatungsstelle (❷ www.dajeb.de). Erste Hilfe findest du auch beim ❷ (Hilfetelefon „Schwangere in Not", das kostenlos und anonym rund um die Uhr erreichbar ist. Kontakt und Telefonnummer findest du im Anhang auf Seite 154 f).

Wenn du über eine Abtreibung nachdenkst, dann triff diese Entscheidung nicht voreilig. Informiere dich über die gesundheitlichen Risiken und auch über die psychischen Auswirkungen eines Schwangerschaftsabbruchs. Durch eine Abtreibung können zum Beispiel in seltenen Fällen Verletzungen entstehen, wodurch die Frau dauerhaft unfruchtbar wird. Viele Frauen haben nach einer Abtreibung noch lange Zeit Probleme, mit dieser einmal getroffenen Entscheidung wirklich klarzukommen, und leiden sehr darunter. Die meisten Christen und auch Menschen aus anderen Religionen lehnen Abtreibung ab, weil auf diese Weise Leben bewusst getötet wird. Sie sagen: Das Leben im Mutterleib beginnt nicht erst nach der zwölften Schwangerschaftswoche (bis dahin ist eine Abtreibung straffrei) oder wenn das Herz des Kindes anfängt zu schlagen. Leben beginnt dann, wenn Eizelle und Samenzelle miteinander verschmelzen. Und das sehe ich genauso. Eine Abtreibung widerspricht also im Grunde dem Gebot, dass wir nicht töten sollen. Sicherlich gibt es Situationen, wo man eine Abtreibung nachvollziehen kann – zum Beispiel wenn durch eine Erkrankung die Mutter wahrscheinlich sterben würde, wenn sie nicht abtreibt. Auch nach einer Vergewaltigung können wohl die meisten Menschen verstehen, wenn das betroffene Mädchen über eine Abtreibung nachdenkt. Grundsätzlich verurteile ich niemanden, der sich zu diesem Schritt gezwungen sah. Doch auch wenn die Gründe nachvollziehbar sind: Man muss hinterher damit zurechtkommen, einem Menschen das Leben genommen zu haben. Deshalb sollte so ein Schritt nie leichtfertig erfolgen.

Erfrage bei der Beratungsstelle, welche Unterstützung dir zustehen würde. Da gibt es glücklicherweise einiges: Kindergeld, Kinderzuschlag, Zahlungen für die Babyausstattung vom Amt, Programme, in denen junge Mütter Schulabschlüsse und Ausbildungen in Teilzeit absolvieren können, Mutter-Kind-Häuser, in denen man im Alltag mit dem Baby angeleitet wird ...

Auch eine Adoption oder eine Pflegefamilie kann eine Lösung sein. Das bedeutet jedoch nicht, dass man sich für immer von dem Kind trennt. Es gibt sogenannte „offene Adoptionen", bei denen regelmäßig Kontakt zwischen Mutter und Kind besteht, und Pflegeverhältnisse, bei denen man das Kind ebenfalls oft sieht und wo sogar die Option besteht, das Kind in ein paar Jahren wieder zu sich zu nehmen.

Umfangreiche Informationen, Tipps und Beratungsstellen in deiner Nähe findest du auf der Homepage ❿ www.schwanger-unter-20.de.

Selbstbefriedigung – den eigenen Körper entdecken

Die meisten Mädchen und Frauen probieren es früher oder später aus, aber viele trauen sich nicht, darüber zu sprechen: Selbstbefriedigung. Manche haben auch gehört, dass es ungesund oder Sünde sein soll, sich selbst zu befriedigen. Tatsächlich sagt die Bibel nichts über dieses Thema. Grundsätzlich wird Sexualität in der Bibel so verstanden, dass sie zwei Liebende eng miteinander verbindet, also ihr Ziel in der Zweisamkeit hat. Das bedeutet aber nicht, dass Sex mit sich selbst etwas Schlechtes ist. Das könnte er jedoch werden, wenn er zum Ersatz für Sex in der Ehe wird oder zum Beispiel mit einer Sucht nach Pornos verbunden ist. Aber wenn junge Menschen ihren Körper entdecken, bevor sie Sex in einer Beziehung erleben, dann ist das an und für sich etwas völlig Natürliches. Deine Sexualität erwacht vermutlich deutlich früher als deine Bereitschaft für eine feste, verbindliche Partnerschaft. Und es ist ganz normal, wenn du neugierig bist auf die Empfindungen, die Berührungen in deinem Intimbereich auslösen. Für den späteren Sex zu zweit kann es sogar sehr hilfreich sein, wenn man seinen Körper schon kennt, und weiß, was sich gut anfühlt und wie man sich auf erotisches Empfinden einlassen kann.

Du brauchst also kein schlechtes Gewissen zu haben, wenn du deine eigene Sexualität auf diese Weise entdeckst. Gleichzeitig gibt es aber auch keinen Grund, sich Druck zu machen. Falls deine Freundinnen ausnahmsweise doch viel über dieses Thema reden, du aber nichts damit anfangen kannst – so what? Menschen haben ganz unterschiedliche Bedürfnisse, und die Rolle, die Selbstbefriedigung für Mädchen bzw. Frauen spielt, ist sehr unterschiedlich. Manche machen es nie, andere probieren es nur ein paar Mal aus, wieder andere berühren sich regelmäßig, weil sie es genießen und sich dabei entspannen. Das hängt einfach damit zusammen, dass der Sexualtrieb ganz unterschiedlich stark ist. Und auch das Tempo, in dem sich Sexualität entwickelt, ist von Frau zu Frau ganz verschieden – und das ist völlig in Ordnung.

Übrigens, die meisten Jungen befriedigen sich ab einem gewissen Alter recht regelmäßig selbst (Ausnahmen bestätigen natürlich die Regel). Jungen nehmen ihren Sexualtrieb oft deutlich stärker wahr als Mädchen.

Pornos

Viele Jungen und auch einige Mädchen schauen mal einen Porno, einfach aus Neugierde. Doch wenn sie regelmäßig konsumiert werden, birgt das durchaus Gefahren, weil Pornos ein falsches Bild von Sex vermitteln und sogar süchtig machen können. Wenn du selbst Pornos schaust, dann sei ehrlich zu dir selbst in der Frage, ob dir das wirklich guttut.

Lass Pornos nicht Teil deines Lebens werden, weil sie ziemlich viel Schaden in deiner Sexualität und deinem Leben generell anrichten. Studien zeigen, dass der regelmäßige Konsum von Pornos Spuren im Gehirn hinterlässt. Ein Teil des Gehirns „schrumpft", was dazu führt, dass Porno-Nutzer(innen) weniger motiviert sind, oft schlechtere Entscheidungen treffen, sich selbst weniger gut im Griff haben und emotional abstumpfen, sodass sie weniger Freude empfinden können.

Pornosucht kann dazu führen, dass man echten Sex gar nicht mehr genießen kann, weil man total übersättigt und überreizt von dem unrealistischen Porno-Sex ist. Bei Jungen und Männern kann es sogar zu Erektionsproblemen führen, sodass sie ohne eine entsprechende Behandlung gar keinen richtigen Sex mehr haben können.

Wenn du den Verdacht hast, dass dein Freund sich oft Pornos ansieht, ist das ein wichtiges Thema in eurer Beziehung. Du kannst mit deinem Freund vorsichtig darüber sprechen, um herauszufinden, wie wichtig Pornos für ihn sind, wie oft er sie nutzt und warum er sie sich überhaupt anguckt. Trau dich, ihm offen zu sagen, wenn dich sein Porno-Konsum stört, und besprich mit ihm, ob er bereit ist, damit aufzuhören. Vielleicht mag er mal die unten stehenden Fragen durchgehen, um seinen Konsum einzuschätzen. Unterstützung für Menschen, denen Pornos zu wichtig geworden sind, gibt es zum Beispiel auf
❯ www.porno-ausweg.de.

Kurz-Check: Bin ich süchtig nach Pornos?

→ Denkst du sehr häufig im Alltag an Pornos?

→ Würde es dir schwerfallen, zwei Wochen lang keine Pornos zu konsumieren?

→ Siehst du deutlich häufiger Pornos als am Anfang?

→ Hast du das Gefühl, deinen Porno-Konsum nicht mehr richtig im Griff zu haben?

→ Fühlst du dich schlecht/hast du ein schlechtes Gewissen, nachdem du Pornos angesehen hast?

→ Würde es dir sehr schwerfallen, gar keine Pornos mehr zu schauen?

→ Brauchst du immer härtere Pornos, um erregt zu werden?

→ Brauchst du Pornos, um dich selbst zu befriedigen?

→ Leiden deine sozialen Kontakte oder deine Aufgaben unter deinem Porno-Konsum?

→ Fällt es dir, seit du Pornos schaust, schwerer, Frauen respektvoll wahrzunehmen und sie nicht auf ihre sexuellen Reize zu reduzieren?

Zähle nach, wie viele Fragen du mit Ja beantwortet hast. Wenn du mehr als zwei Fragen bejaht hast, ist die Gefahr, dass du süchtig oder gerade auf dem Weg dahin bist, ziemlich hoch.

Wichtig: Dieser Test ist nur eine grobe Orientierung. Es kann auch sein, dass du nur eine Frage mit Ja beantwortet hast und Pornos trotzdem für dich ein Problem darstellen. Entscheidend ist die Frage, welche Rolle Pornos in deinem Leben spielen, wie groß dein Verlangen danach ist (könntest du aufhören?) und wie sich dein Konsum von Pornos auf dein gesamtes Leben auswirkt. Wenn du zum Beispiel immer wieder zwischendurch abgelenkt bist, weil deine Gedanken zu pornografischen Inhalten wandern, und du kaum noch aufhören kannst, wenn du erst einmal dabei bist, dann hast du die Sache nicht mehr wirklich im Griff. Und dann fängt es an, gefährlich zu werden.

Warte nicht, bis die Pornosucht dein Leben und deine Sexualität kaputt macht. Trau dich, dir Hilfe zu holen – Pornosucht ist keine Seltenheit und du musst dich dafür nicht schämen. Wenn du oder dein Freund ein ungesundes Verhältnis zu Pornos entwickelt habt, findet ihr am Ende des Buches Beratungsstellen für Jugendliche, wo ihr Unterstützung bekommen könnt. Erste Tipps für den Weg aus Süchten findest du auf Seite 139 f.

Süchtig nach Selbstbefriedigung?

In einer Beziehung, in der es noch keinen Sex gibt, ist es recht wahrscheinlich, dass einer oder beide sich selbst befriedigen. Du musst dir also keine Sorgen machen, wenn dein Freund weiter Solo-Sex hat. Gerade durch das Zusammensein mit dir wird er vermutlich öfter mal sexuell erregt und den „Druck" verspüren, diese Erregung durch Selbstbefriedigung abzubauen. Auch du musst kein schlechtes Gewissen haben, wenn du dich selbst berührst. Das ist völlig normal, solange es in einem gesunden Maß passiert. Wenn du aber mitbekommst, dass Selbstbefriedigung eine extrem große Rolle im Leben deines Freundes spielt, versuche ruhig mit ihm darüber ins Gespräch zu kommen und ihn zu ermutigen, sich beraten zu lassen. Natürlich können auch Mädchen süchtig nach Selbstbefriedigung werden. Man kann keine genaue Häufigkeit festlegen, ab wann Selbstbefriedigung Sucht-Charakter hat. Ähnlich wie bei Pornosucht sind hier folgende Fragen entscheidend:

→ Fühlt sich die Selbstbefriedigung wie ein Zwang an? Ist es etwas, das du nicht sein lassen kannst?

→ Sind deine Gedanken ständig darauf gerichtet, wann oder wie du dich selbst befriedigen kannst?

→ Brauchst du immer mehr oder immer intensiveren Solo-Sex?

→ Leiden Bereiche deines Lebens (z. B. Schule, Job, Familie, Freundschaften) darunter, weil du diesem Thema so viel Zeit oder Aufmerksamkeit schenkst?

Wenn du bereits eine der Fragen mit Ja beantwortet hast, deutet das darauf hin, dass Selbstbefriedigung für dich schon zu einer Sucht geworden sein könnte. Sucht nach Sex oder Selbstbefriedigung kann genauso entstehen wie andere Süchte auch: Am Anfang entdeckt man, dass durch das Suchtmittel Genuss oder Entspannung erreicht wird, und weil man das so toll findet, macht man es wieder. Und wieder. Und wenn man kein gesundes Maß findet und nichts anderes tut, wobei man entspannen und genießen kann, dann wird das Suchtmittel immer wichtiger – man wird also abhängig.

Pornos und (Solo-)Sex-Sucht – ist das Sünde?

Aus christlicher Sicht wird ein Suchtmittel – egal, ob es sich dabei um Pornos, Selbstbefriedigung, Drogen, Alkohol, Serien, Essen, Leistung oder Geld handelt – zu einem Götzen. Wir schaffen uns mit dem Suchtmittel also einen künstlichen „Gott", was zur Folge hat, dass wir dem wahren Gott nicht mehr den Platz in unserem Leben geben, der ihm eigentlich zusteht. Wir machen uns von etwas abhängig, was nicht Gott ist. Wir versuchen unsere innere Sehnsucht mit etwas anderem zu füllen – und vertrauen Gott nicht mehr, dass er derjenige ist, der uns echte Erfüllung schenkt und unsere Sehnsucht stillt. Auf diese Weise trennen wir uns – oft ohne es zu merken – von Gott. Genau das bedeutet „Sünde": ein Zustand, in dem wir von Gott getrennt sind.

Sucht ist also definitiv etwas, das Gott nicht gut finden kann. Denn Sucht führt uns weg von Gott und weg von einem Leben in Freiheit und Freude.

Wie schon erwähnt, äußert sich die Bibel nicht konkret zum Thema Selbstbefriedigung. Solange sie in einem gesunden Maße passiert, sehe ich keinen Grund, weshalb aus christlicher Sicht etwas dagegen sprechen sollte.

Pornos sind da schon ein anderes Thema. Auch wenn sie nur gelegentlich konsumiert werden – hinter den Filmchen steckt eine riesige Industrie, in der Frauen und Männer auf ihre Sexualität reduziert werden. Auch Ausbeutung von Menschen kommt in dieser Branche nicht selten vor. Hinzu kommt: Wenn man Pornos nutzt, unterstützt man diese Industrie dabei, Menschen süchtig zu machen – auch wenn man selbst den Konsum (noch) im Griff hat.

Wenn du merkst, dass Sex, Selbstbefriedigung oder Pornos (oder auch andere Dinge wie Essen, Rauchen, Alkohol, Leistung, Serien oder anderes) eine zu große Rolle in deinem Leben spielen, dann lies dir doch mal die Tipps zum Umgang mit Sucht auf Seite 139 durch.

Ungewollte Berührungen – wenn Sex mit Gewalt verbunden ist

Vergewaltigung, sexuelle Belästigung – das sind schreckliche Erlebnisse, die man niemandem wünscht. Und doch passiert es manchmal. Dann ist es wichtig, sich eines klarzumachen: Du bist nicht schuld! Auch wenn du knappe Kleidung getragen hast oder geflirtet hast – es hat niemand das Recht, dich gegen deinen Willen anzufassen! No way! Sexuelle Belästigung fängt schon damit an, wenn sich jemand dir gegenüber anzüglich äußert (beispielsweise etwas über deine Brust oder deinen Po sagt), dir eindeutige Blicke zuwirft oder auch, wenn dich jemand zwingen will, dir sexuelle Inhalte anzusehen, zum Beispiel in Videos oder auf Fotos. Wenn du in eine solche Situation gerätst, solltest du laut und deutlich sagen: „Ich will das nicht! Lass mich in Ruhe!" Wenn das nicht reicht, ruf um Hilfe, am besten machst du es konkret, indem du beispielsweise laut sagst: „Der Typ belästigt mich!", und dann möglichst wegrennst.

Solltest du sexuelle Gewalt erlebt haben, dann rede mit jemandem, dem du vertraust, über das, was passiert ist. Wenn du das noch nicht kannst oder die Person dir nicht weiterhelfen kann, wende dich an das ❿ „Hilfetelefon Sexueller Missbrauch", es ist kostenlos und anonym und kann dir weiterhelfen. Rund um die Uhr erreichbar und ebenfalls kostenlos ist das Angebot der ❿ Telefonseelsorge. Kontakte und Telefonnummern findest du im Anhang.

Je nachdem, was genau passiert ist, macht es Sinn, nicht nur per Mail oder telefonisch Beratung in Anspruch zu nehmen, sondern sich auch vor Ort Unterstützung zu holen. Adressen bekommst du beim oben genannten „Hilfetelefon Sexueller Missbrauch". In Beratungsstellen stehen dir bei allen Fragen, die sich aus dem Vorfall ergeben, erfahrene Menschen zur Seite. Sie geben dir erste Hilfe für die Verarbeitung des Erlebten. Bei einem massiven Übergriff wie einer Vergewaltigung ist oft auch eine Therapie wichtig, um den Schock und das Trauma zu überwinden. In Beratungsstellen können dir meist Empfehlungen zu geeigneten Therapeuten gegeben werden. Du kannst dich auch an deine Krankenkasse wenden oder die Hilfe auf ❯ www.therapie.de in Anspruch nehmen.

Wenn du vergewaltigt wurdest, dann wende dich unbedingt auch sofort an eine Frauenärztin. Das ist wichtig, um Verletzungen zu versorgen und über die Gefahr einer Schwangerschaft zu sprechen. Eine „Pille danach" treibt übrigens entstandenes Leben nicht ab, sondern verschiebt nur den Eisprung (wenn dieser noch nicht stattgefunden hat), damit erst gar keine Schwangerschaft entstehen kann.

Leider erfolgen viele sexuelle Übergriffe durch Verwandte oder Bekannte. Das macht es natürlich besonders schwierig, weil du vielleicht Angst hast, dass man dir nicht glaubt, oder dass die Familie dadurch zerbricht. Das Wichtigste ist aber immer, dich zu schützen! Auch um andere zu schützen, an denen sich der Täter möglicherweise noch vergehen könnte, solltest du auf keinen Fall schweigen. Lass dich bei den oben genannten Stellen auch in diesen Situationen beraten. Die Profis kennen solche Konflikte und können dir ganz viel Hilfestellung geben. Auch Fragen wie „Ist eine Anzeige sinnvoll?", „Mit wem sollte ich zuerst reden?" oder „Ich habe Angst, dass man mir nicht glaubt!" kannst du dort mit kompetenten Menschen besprechen.

Hetero, Homo oder Bi?

In der Pubertät fragen sich manche Jugendliche, an welchem Geschlecht sie eigentlich interessiert sind. Vielleicht ist das für dich sonnenklar, vielleicht bist du aber auch gerade etwas verwirrt, weil du dich zu anderen Mädchen hingezogen fühlst? Oder mal zu Mädchen und mal zu Jungs?

Zuerst einmal möchte ich dir sagen: Keine Panik! In der Pubertät ist es völlig normal, dass man in dieser Frage phasenweise unsicher ist, denn in dem Prozess des Erwachsenwerdens muss man seine sexuelle Identität erst finden. Viele Sexualwissenschaftler sind inzwischen sogar der Meinung, dass die sexuelle Orientierung (also, auf welches Geschlecht Menschen stehen) generell flexibel ist – sich also im gesamten Leben verändern kann. Und auch wenn man eigentlich nur auf Männer steht, kann es durchaus mal sein, dass man zwischendurch eine andere Frau merkwürdig attraktiv findet oder Träume hat, in denen man Abenteuer mit anderen Mädels erlebt. Das bedeutet aber nicht, dass man homosexuell ist – auch nicht, wenn man sich als Jugendliche für eine Weile zu anderen Mädchen hingezogen fühlt. Wenn du das bei dir erlebst, bleibe gelassen und gib dir Zeit, nach und nach sicherer darin zu werden, wie du sexuell „gestrickt" bist. Erst, wenn dieses Gefühl, zu Frauen hingezogen zu werden, dauerhaft bleibt, kann es sein, dass du homosexuell bist. Oder, wenn du dauerhaft an beiden Geschlechtern interessiert bist, dass du bisexuell bist.

Einige Christen finden das ziemlich schlimm, weil sie überzeugt sind, dass nach Gottes Willen Mann und Frau zusammengehören. Tatsächlich spricht die Bibel negativ über gleichgeschlechtliche Sexualität. Auch hier ist – wie beim Thema „Sex vor der Ehe" die Frage: Wie wortwörtlich lassen sich Aussagen der Bibel, die aus einer ganz anderen Kultur und einer ganz anderen Zeit stammen, auf unsere Zeit übertragen? Damals, zu Zeiten der Bibel, gab es keine gleichberechtigten, treuen und liebevollen Partnerschaften zwischen zwei Männern oder zwei Frauen. Damals bedeutete Homosexualität eher, dass Männer Jungen sexuell missbrauchten oder dass verheiratete Menschen aus Spaß Sex mit anderen Leuten des gleichen Geschlechts hatten. Das ist natürlich etwas anderes als zwei Menschen gleichen Geschlechts, die sich lieben und eine verbindliche, feste Beziehung miteinander führen oder sogar heiraten.

Klar ist, dass die Bibel grundsätzlich die Vorstellung vertritt, dass Mann und Frau zusammengehören. Ob Gott aber deshalb ein Problem damit hat, wenn einzelne Menschen, die homosexuell fühlen, ihre sexuelle Orientierung in einer verantwortungsbewussten Beziehung ausleben, das kann kein Mensch mit Sicherheit sagen. Viele wenden ein, dass die

Menschheit doch ausgestorben wäre, wenn Homosexualität okay wäre. Fakt ist aber, dass nun einmal nur eine ganz kleine Minderheit homosexuell ist. Interessant in diesem Zusammenhang ist, dass es auch im Tierreich immer mal wieder homosexuelle Beziehungen gibt. Ich möchte dich ermutigen, selbst herauszufinden, wie du „gestrickt" bist. Schreibe deine Gedanken auf, unterhalte dich mit Menschen, denen du vertraust, bete, lies in der Bibel und lass dir Zeit, deinen Weg zu finden. Setz dich nicht unter Druck und lass dir auch keine Angst machen. Wichtig ist eines: Egal, wie man über sexuelle Orientierungen denkt – niemand hat das Recht, Menschen, die „anders" lieben, zu verurteilen oder auszuschließen. Wir sollten jedem in Liebe begegnen und Gott das Urteil überlassen.

Und auch beim Thema „sexuelle Orientierung" gilt genauso wie bei anderen Fragen: Sprich mit jemandem darüber, wenn dich dieses Thema belastet oder verunsichert. Wende dich an Menschen, denen du vertraust, oder an eine ❯ Beratungsstelle am Ende des Buches.

Unglücklich verliebt

Liebes Tagebuch,

ich fühle mich total am Boden zerstört. Vorhin habe ich mich endlich getraut, Hannes anzuschreiben. Ich habe ihn einfach gefragt, wie es ihm geht und dann auch noch geschrieben, dass er mir fehlt ... Ziemlich mutig, ich weiß, aber ich wollte einfach wissen, wie er über mich denkt!

Tja, das ist dann total in die Hose gegangen. Er hat geantwortet: „Hi Leonie, mir gehts super, danke! Mache gerade eine Radtour mit meiner Freundin Lea. Wir sind seit gestern zusammen. Wünsch dir einen tollen Sommer!"

Ich habe erst mal eine Stunde lang nur geheult. Vor allem, weil ich so traurig darüber war, dass es wohl keine Zukunft für

Hannes und mich gibt. Weil ich mir das, was ich zwischen uns gefühlt habe, wohl doch nur eingebildet habe ... Weil es einfach wehtut, dass ich nicht mit diesem tollen Jungen zusammen sein kann! Aber auch, weil ich mich total blamiert habe. Was denkt Hannes denn jetzt über mich? Das war ja wohl eine ganz klare Abfuhr von ihm!

Oh Mann, warum habe ich nur so vorschnell gehandelt? Ich werde ihm nie wieder unter die Augen treten können, ohne knallrot anzulaufen! Ehrlich gesagt habe ich total Schiss, dass Hannes meinem Bruder Paul davon erzählt ... Paul ist in letzter Zeit manchmal echt mies drauf und hat Spaß daran, mich zu ärgern. Was, wenn er in der Schule von meiner Blamage erzählt?

All die Träume von Hannes und mir ... sie sind nun einfach zerplatzt. Peng, vorbei, bevor überhaupt irgendetwas angefangen hat!

Jetzt kommen mir schon wieder die Tränen. Es ist echt ein richtig schreckliches Gefühl, wenn man in jemanden verliebt ist, der das nicht erwidert! So ein krasses Wechselbad der Gefühle ... Vor ein paar Stunden hatte ich noch lauter Schmetterlinge im Bauch und war total glücklich und jetzt bin ich nur noch ein Häufchen Elend. Beim Abendbrot vorhin konnte ich nicht mal etwas essen – und das ist bei mir echt eine totale Seltenheit! Mama hat mich gefragt, was los ist, aber vor den anderen wollte ich nichts sagen. Vielleicht spreche ich gleich mal mit ihr ... Wobei mir das alles selbst vor ihr ziemlich peinlich ist!

Rabenschwarze Grüße von
    Leonie

Unglücklich verliebt zu sein ist eine Erfahrung, die viele Menschen zumindest einmal in ihrem Leben machen. Wenn man sich zu einem Menschen hingezogen fühlt, ist es ganz schwierig zu unterscheiden, ob seine vermeintlichen „Signale" nur Einbildung oder echt sind. Denn natürlich wünscht man sich, dass die Gefühle auf Gegenseitigkeit beruhen! Wie ich schon geschrieben habe, ist es gut, die Dinge nicht zu überstürzen, die Schmetterlinge im Bauch erst einmal zu genießen und die Person weiter kennenzulernen, zunächst in einer Freundschaft. Das hilft auch oft, besser einzuschätzen, ob der andere sich ebenfalls zu dir hingezogen fühlt.

Doch irgendwann ist dann vielleicht der Zeitpunkt gekommen, mal ein Gespräch zu führen oder in einer unbeobachteten Situation die Hand deines Schwarms zu nehmen – und das ist dann der Moment der Wahrheit! Bestenfalls stellt sich dann heraus, dass das, was du dir so lange erhofft hast, wirklich wahr ist – dieser tolle Junge steht tatsächlich auf dich! Und dann kann eure Lovestory so richtig losgehen.

Doch es kann eben auch anders kommen – der Junge gibt dir zu verstehen, dass er dich nur als gute Freundin wahrnimmt und sich nicht mehr vorstellen kann. Bäm! Dann zerplatzen ganz plötzlich alle Seifenblasen und du fällst aus dem siebten Himmel total unsanft auf den harten Boden der Realität. Manchmal ist gar nicht erst ein offenes Gespräch nötig, sondern du erkennst „heimlich", dass aus deinem Traum nichts wird – vielleicht, weil dein Schwarm mit einem anderen Mädchen zusammenkommt oder dich mies behandelt.

Doch egal, wie du herausfindest, dass du mit dem Jungen, der dir so gefällt, nicht zusammen sein kannst – es fühlt sich auf jeden Fall unbeschreiblich mies an! Gib dir Zeit zu trauern. Ja, ich meine wirklich „trauern", denn ein Traum ist für dich gestorben, und das verdient Trauer. Es tut gut, einfach alle Tränen herauszulassen und dich eine Weile zurückzuziehen. Auch all die Enttäuschung und Traurigkeit aufzuschreiben, tut oft sehr gut. Traue dich, dich jemandem anzuvertrauen – deiner

Mutter, einer Freundin, deiner Jugendgruppenleiterin oder, wenn das alles noch nicht geht, anonym, zum Beispiel der Telefonseelsorge oder jemandem von der „Nummer gegen Kummer" (siehe Seite 153 im Anhang). Im ersten Schock braucht man oft erst einmal Ruhe, aber dann ist es ganz wichtig, mit der Trauer nicht allein zu bleiben. Hier noch ein paar Tipps gegen Liebeskummer:

→ Wenn wir verliebt sind, sehen wir den anderen oft durch die rosarote Brille und nehmen nur seine positiven Seiten wahr. Doch kein Mensch ist perfekt und du hättest bei diesem Jungen mit der Zeit sicher noch so einiges herausgefunden, das dich genervt hätte! Um den inneren Abschied zu erleichtern und die rosarote Brille loszuwerden, hilft es, sich mal bewusst die negativen Merkmale des Jungen vor Augen zu führen. Das können charakterliche Schwächen sein (z. B. Arroganz, Egoismus, Unehrlichkeit, schlechte Witze) oder auch äußerliche Makel, die zeigen, dass auch dein Schwarm nicht perfekt ist.

→ In eine ähnliche Richtung geht folgende „Übung": In der Verliebtheitsphase stellen wir uns meist nur die bestmögliche Version vor, wie eine Beziehung mit unserem Traumpartner verlaufen könnte. Doch eigentlich wissen wir ja noch gar nicht, ob in der Realität wirklich alles so schön sein wird, dann also, wenn die ersten heftigen Gefühle nachlassen und die ersten Konflikte auftauchen. Um sich zu „entlieben", hilft es, sich ganz plastisch vorzustellen, dass eure Beziehung gar nicht so toll verlaufen wäre wie gedacht. Lass deiner Fantasie freien Lauf: Welche Probleme hätten auftreten können, welche Streitthemen? Vielleicht fallen dir jetzt, wenn du den Jungen mal kritisch betrachtest, Konfliktthemen auf, beispielsweise unterschiedliche Werte, schlechte Charaktereigenschaften oder die oben beschriebenen Schwächen deines Schwarms. Male dir aus, wie du herausfindest, dass der Junge doch nicht so toll ist wie gedacht, sodass es möglicherweise auch sein Gutes hat, dass die Beziehung nicht zustande gekommen ist.

Liebeskummer nach einer Trennung

Liebeskummer kann natürlich auch dann vorkommen, wenn du schon mit dem Jungen zusammen warst und ihr euch dann wieder trennt. Vielleicht hat er mit dir Schluss gemacht und du weißt gar nicht richtig, warum. Oder du hast selbst gemerkt, dass es einfach doch nicht passt zwischen euch, und hast schweren Herzens die Beziehung beendet.

Liebeskummer ist eine schlimme Erfahrung, besonders wenn man noch starke Gefühle für den Jungen hat. Man hat bereits Erfahrungen miteinander gemacht, die zusammenschweißen – und nun wird diese Verbindung auseinandergerissen! Das tut beinahe körperlich weh, und es ist total verständlich, wenn du erst mal am Boden zerstört bist.

Auch hier gilt: Erlaube dir zu trauern. Weine so lange, bis alle Tränen aus dir herausgespült sind, schreibe Briefe oder Tagebuch und lasse die Traurigkeit erst einmal zu.

Wichtig ist aber auch, dich jemandem anzuvertrauen, um dir die belastenden Gefühle ein wenig von der Seele reden zu können. Halte dir vor Augen, dass es nicht immer so schlimm und finster bleiben wird, wie es sich jetzt anfühlt. Liebeskummer ist ein Prozess, ähnlich wie Trauer, und besteht aus verschiedenen Phasen. Dazu gehören der erste Schock, in dem man die Trennung noch gar nicht richtig wahrhaben kann, tiefe Traurigkeit, manchmal auch Wut, und mit der Zeit kommt dann wieder das Gefühl von Normalität zurück. Es ist auch nicht ungewöhnlich, dass man kleine „Rückfälle" hat – man fühlt sich schon etwas besser, aber dann kommt die Traurigkeit noch mal mit voller Wucht zurück. Doch in der Regel gehen diese Gefühle dann auch schnell wieder und nach und nach bekommst du wieder festen Boden unter den Füßen.

Mache dir bewusst, dass aus Dingen, die zunächst total schmerzhaft und belastend sind, oft Gutes entsteht. Auch wenn der Junge ein toller Mensch ist, wärt ihr womöglich doch nicht wirklich glücklich miteinander geworden. Es ist ziemlich wahrscheinlich, dass es einen anderen gibt, der viel besser zu dir passt, und auf den es sich zu warten lohnt. Hier ein fiktiver Brief deines zukünftigen Mannes, der deine Hoffnung stärken will, dass „da draußen" noch jemand auf dich wartet, der noch besser zu dir passt:

Meine Liebe,

ich weiß, dass du gerade sehr traurig bist. Du hattest tiefe, echte Gefühle für einen anderen Menschen, und es fühlte sich so an, als könnte dieser Mensch dein „Mr Right" sein. Er schien so gut zu dir zu passen und verkörperte so vieles, wonach du dich sehnst.

Und jetzt sind all deine Hoffnungen begraben, weil klar ist, dass dieser Traum nicht Wirklichkeit werden kann. Ich weiß, wie verletzend diese Erfahrung ist, meine Prinzessin!

Was du noch nicht weißt, ist, dass ich auf dich warte. Wir haben uns noch nicht kennengelernt, weil die Zeit noch nicht reif ist. Aber ich bin da, und ich kann es kaum erwarten, eines Tages deine Bekanntschaft zu machen!

Und deshalb sind da zwei Gefühle in mir, wenn ich an dich denke: Mitleid, weil es mir wehtut zu wissen, dass du enttäuscht bist und dich zurückgestoßen fühlst. Aber auch Erleichterung, dass aus dieser Verliebtheit nicht mehr geworden ist, weil ich weiß, dass wir beide füreinander bestimmt sind.

Erlaube dir zu weinen, meine Liebste. Die Trauer braucht ihre Zeit. Aber bedenke auch, dass Dinge, die uns erst schlimm erscheinen, sich im Nachhinein oft als gut herausstellen. Verliebtheit ist ein starkes Gefühl, aber sie sagt oft wenig darüber aus, ob du mit der Person wirklich glücklich werden kannst. Oft muss sich eine Tür schließen, damit sich später eine viel bessere öffnen kann.

Und bitte denke nicht, dass mit dir etwas nicht stimmt, dass du nicht schön genug oder cool genug bist. Du bist so wunderschön - äußerlich und charakterlich! Ich kann es kaum erwarten, dir das persönlich zu sagen.

Geh mit offenen Augen durchs Leben, dann werden wir uns früher oder später begegnen. Aber versuche nicht, etwas zu erzwingen. Nutze die Zeit, die bleibt, bevor wir uns treffen. Genieße es noch eine Weile, frei und ungebunden zu sein. Verbringe viel Zeit mit deinen Freundinnen, und setze deine Stärken ein, um anderen zu helfen. Finde heraus, wo du dazu beitragen kannst, diese Welt zu einem besseren Ort zu machen, und für welche Ziele dein Herz brennt. Arbeite an deinem Charakter und an deinem Umgang mit anderen - das werde auch ich tun, weil wir dann eine gute Grundlage für unsere Beziehung haben. Nimm dir Zeit für deine Hobbys oder probiere Neues aus!

Und dann, wenn die Zeit gekommen ist, werden wir uns über den Weg laufen. Wie gesagt, ich kann es kaum erwarten!

Dein Mr Right

Wenn man jemanden, der einem wichtig ist, verliert, scheint es unmöglich zu glauben, dass der Schmerz darüber für irgendetwas gut sein könnte. Doch wenn man später, mit etwas Abstand, auf diese Zeit zurückschaut, erkennt man oft: So weh es damals auch tat – es hatte doch etwas Gutes. Zum Beispiel, dass man sonst einen anderen Menschen gar nicht kennengelernt hätte, der doch viel besser zu einem passt. Oder, weil es auf Dauer doch nicht gepasst hätte. Diese Gedanken werden in gewisser Weise auch in der folgenden kleinen Geschichte deutlich:

Ist es Glück oder Unglück?

In einem chinesischen Dorf lebte ein Bauer, der ein prächtiges Pferd besaß. Alle beneideten ihn um dieses Pferd. Wenn sie ihn trafen, sagten Sie zu ihm: „Was hast du für ein Glück mit diesem Pferd!" Doch der Bauer antwortete gelassen: „Ob es Glück ist? Wer weiß es?"

Eines Tages lief ihm das Pferd davon. Nun kamen die Menschen im Dorf und sprachen ihr Mitleid aus: „Was hast du für ein Pech!" Doch der Bauer antwortete gelassen: „Pech oder Glück? Gut oder schlecht? Wer weiß es?"

Einige Tage später war das Pferd plötzlich wieder da. Mit ihm im Gefolge kamen drei Wildpferde. Die Dorfbewohner rieben sich die Augen und waren sehr verwundert: „Was hast du für ein Glück!" Wieder antwortete der Bauer: „Pech oder Glück? Gut oder schlecht? Wer weiß es?"

Der Bauer hatte einen Sohn. Und dieser versuchte am nächsten Tag eines der Wildpferde zu reiten. Doch dieses warf ihn ab und dabei brach sich der Sohn ein Bein. Die mitfühlenden Dorfbewohner spendeten abermals ihr Mitleid: „Was hast du für ein Pech. Jetzt kann dir dein Sohn nicht bei den Feldarbeiten helfen und du musst ganz alleine alles schaffen." Doch der Bauer erwiderte nur: „Pech oder Glück? Gut oder schlecht? Wer weiß es?"

Am nächsten Morgen kamen die Soldaten des Kaisers ins Dorf. Sie rekrutierten junge gesunde Männer für die Armee, die für den Kaiser in den Krieg ziehen sollte. Als sie den Sohn des Bauern mit seinem gebrochenen Bein sahen, ließen sie ihn im Dorf zurück. Die anderen jungen Männer des Dorfes mussten mit den Soldaten in den Krieg ziehen und kamen nie wieder zurück.[8]

Die Geschichte zeigt: Wir denken oft, es wäre ganz klar, was gut und was schlecht ist. Und wenn etwas nicht so läuft, wie wir gehofft hatten, spüren wir oft nur den Verlust und die Enttäuschung. Es hilft aber, sich dabei auch klarzumachen: Manchmal ist etwas, das zuerst wie ein Verlust aussieht, später doch ein Gewinn. Wer hätte schon damit gerechnet, dass der Beinbruch des jungen Mannes für etwas gut sein könnte? Oder dass der scheinbare Verlust des Pferdes sich später als Glück herausstellt? Denke an diese Geschichte, wenn du leidest. Wenn du an Gott glaubst, dann hast du seine Zusage, dass er in allem bei dir ist und aus Schlechtem etwas Gutes machen kann.

Am Ende wird alles gut. Wenn es nicht gut wird, ist es noch nicht das Ende.
– Oscar Wilde

Mobbing

„Hey Mara!", ruft Leonie, als sie den Jugendraum betritt. Sie ist mal wieder die Erste.

„Hi Leonie, wie gehts?", antwortet Mara fröhlich.

„Irgendwie gestresst… heute wars echt anstrengend in der Schule."

„Warum denn, was war los?", fragt Mara besorgt.

Leonie seufzt: „Ach, wir haben eine Neue in der Klasse, Pia… die trägt etwas seltsame Klamotten und hat öfter mal fettige Haare. Jedenfalls meinen jetzt die anderen Mädchen, sie deswegen mobben zu müssen."

„Ui, das ist natürlich doof. Und wie hast du dich verhalten?"

„Na ja, ich wusste irgendwie nicht so richtig, was ich machen soll… Also, ich finde es nicht okay, andere zu mobben. Aber ehrlich gesagt hatte ich auch Angst, selbst zur Außenseiterin zu werden, wenn ich mich auf Pias Seite stelle", gibt Leonie zu.

„Klar, versteh ich…", überlegt Mara. „Aber du hast recht, Mobben ist echt nicht in Ordnung. Weißt du, ich wurde selbst mal gemobbt. Da war ich 14 und sehr schüchtern und ängstlich. Das perfekte Opfer quasi. Und da haben ein paar Mädchen angefangen, sich über mich lustig zu machen, und irgendwann war die ganze Klasse gegen mich. Ich habe mich fast jeden Morgen übergeben, weil ich solche Angst hatte, zur Schule zu gehen. Ich habe nur noch geheult und konnte kaum etwas essen, sodass ich sogar in eine Klinik musste! Ehrlich gesagt habe ich damals sogar an Selbstmord gedacht. Das war die schlimmste Zeit meines Lebens."

„Das wusste ich nicht ... das ist echt heftig! Tut mir leid, dass du das durchmachen musstest!", entgegnet Leonie mitfühlend.

„Ja, so etwas vergisst man nie. Und deswegen ist es mir ganz wichtig, klarzumachen, wie schlimm Mobbing ist. Bitte, mach da auf keinen Fall mit. Du würdest dich daran beteiligen, Pias Leben zu zerstören. Stell dir vor, sie tut sich etwas an oder läuft weg und ihr passiert dann etwas – und ihr seid schuld daran!"

Leonie nickt: „Das stimmt, das wäre echt schrecklich ... Ich muss irgendwie den Mut aufbringen, die anderen davon abzuhalten."

„Vielleicht wäre es eine Idee zu überlegen, welches der anderen Mädchen noch am vernünftigsten und nettesten ist. Und dann könntest du versuchen, mal nur mit ihr darüber zu sprechen, damit ihr dann zusammen die anderen überzeugen könnt."

„Hm, keine schlechte Idee ... vielleicht Melinda. Ich hoffe, ich traue mich! Ich habe echt Schiss, dass die mich dann auslachen und ich auch gemobbt werde! Aber trotzdem will ich mich für Pia einsetzen, weil ich mir das selbst auch wünschen würde, wenn ich an ihrer Stelle wäre."

„Lass uns doch beten!", schlägt Mara vor.

„Ja, gern!"

Die beiden falten die Hände und Mara beginnt: „Gott, du siehst die Situation in Leonies Klasse. Bitte schenke Leonie Mut, nicht mitzumachen und Pia zu unterstützen. Schenke ihr gute Worte, sodass die anderen Mädchen verstehen, dass Mobbing falsch ist und bereit sind, damit aufzuhören. Amen."

Leonie fügt hinzu: „Und bitte hilf doch, dass Melinda mich unterstützt. Danke, dass du an meiner Seite bist! Amen."

Wie geht es dir mit anderen in deinem Alter? Hast du Freundinnen und kommst du in deiner Schule gut zurecht, oder leidest du darunter, Außenseiterin zu sein?

Von anderen gemobbt zu werden, ist unheimlich belastend. Wenn du so etwas erlebst, möchte ich dir sagen, dass die Leute, die dich fertigmachen, absolut kein Recht dazu haben. Und dass du genauso wertvoll bist wie jeder andere Mensch auch. Lass dir nicht einreden, dass du seltsam, hässlich oder aus anderen Gründen nicht liebenswürdig bist! Denn mal ehrlich: Kennen dich die Leute, die dir so etwas sagen, überhaupt? Nein, denn dann würden sie so etwas niemals behaupten. Diese Menschen sind arme Würstchen, die selber Probleme haben, und versuchen selbstbewusster zu wirken, indem sie jemand anderen heruntermachen. Oder sie finden das eigentlich selbst nicht okay, sind aber zu feige, nicht mitzumachen. Sie haben so große Angst, nicht dazuzugehören, dass sie lieber mit dem Strom schwimmen. Mach dir bewusst, dass die Leute, die dich mobben, selbst Angst haben. Oder dass ihnen etwas Wichtiges in ihrem Leben fehlt, was sie durch ihr aggressives Auftreten und die Anerkennung anderer ausgleichen wollen. Vielleicht werden sie ja in ihrer Familie abgelehnt, und geben diese Erfahrung jetzt weiter, weil sie meinen, sich dadurch endlich stark zu fühlen. Das ist natürlich total bescheuert, und es ist einfach mies, dass du darunter leiden musst. Denke immer daran, dass diese Leute nicht wirklich *dich* meinen. Sie haben ein Opfer gesucht – und aus irgendeinem Grund bist du es geworden. Vielleicht, weil sie auf irgendetwas von dir neidisch sind – auf deine guten Noten vielleicht? Oder deine tolle Familie? Dein hübsches Gesicht? Deine musikalische Begabung? Oder sie mobben dich, weil du anders bist als die meisten – und diese Leute nicht die Stärke haben, damit klarzukommen?

Besonders in der Pubertät fällt es einigen schwer zu akzeptieren, wenn jemand vom Mainstream abweicht. Sie setzen sich selbst so unter Druck, dazuzugehören, sich anzupassen und beliebt zu sein, dass sie kein Verständnis dafür haben, wenn andere sich trauen, einfach sie selbst zu sein. Vielleicht fühlen sie sich dadurch sogar bedroht, weil sie merken, dass sie selbst eigentlich auch gern aufhören würden, sich ständig anzupassen. Es kann auch sein, dass du sie durch ein bestimmtes Merkmal oder ein Verhalten an jemanden erinnerst, der sie mal sehr verletzt hat. Möglicherweise haben sie auch ständig Angst, irgendwo ausgeschlossen zu werden, sodass sie froh sind, wenn ein anderes Opfer gefunden wurde – und sie machen beim Mobbing mit, um sich selbst zu schützen.

Du siehst: Mobber haben in erster Linie ein Problem mit sich selbst. Gemeint bist nicht du, sondern irgendein Gefühl, das sie – warum auch immer – mit dir verbinden.

Manchmal ist es ganz gut, ihnen das auch mal ins Gesicht zu sagen: „Ich vermute mal, ihr habt irgendwelche Probleme oder Komplexe oder so. Sonst hat man es nämlich nicht nötig, andere Leute runterzumachen. Sorry, aber ich habe Besseres zu tun, als mir euer Gelaber anzuhören." Allerdings muss man genau schauen, wann so ein Spruch passt. Wenn die Mobber sehr aggressiv sind und durch eine solche Aussage möglicherweise noch gemeiner werden oder du dir vorstellen kannst, dass sie dich körperlich angreifen, dann ist es besser, sie einfach zu ignorieren.

1

Mach dir klar, dass die Mobber keine Ahnung davon haben, wer du wirklich bist. Sie mobben nicht dich, sondern irgendein völlig falsches Bild von dir. Und dahinter steckt ganz viel eigene Unsicherheit.

2

Versuche, dumme Sprüche soweit es geht zu ignorieren. Wenn du ausrastet oder versuchst, dich zu rächen, provozierst du die anderen nur noch mehr und oft macht es ihnen dann noch mehr Spaß. Wenn du höchstens mal einen Satz wie oben sagst und Beleidigungen ansonsten einfach an dir abprallen lässt und gar nicht reagierst, wird es möglicherweise langweilig für sie, dich zu ärgern.

3

Such dir Verbündete. Gibt es jemanden in der Klasse oder Schule, der ganz nett sein könnte? Dann versuche, Kontakt aufzunehmen. Es ist immer leichter, wenn man in der Pause nicht ganz allein herumsteht. Manchmal ist auch in der Gruppe der Mobber – oder bei denen, die zuschauen – einer dabei, bei dem du das Gefühl hast: *Der ist nur Mitläufer und will das eigentlich nicht.* Schau mal, ob sich vielleicht eine Gelegenheit ergibt, mit ihm zu reden und ihn um Unterstützung zu bitten.

4

Hin und wieder kann es auch sinnvoll sein, die Mobber mit Ehrlichkeit zu konfrontieren und möglichst neutral zu fragen: „Was wollt ihr eigentlich? Was für ein Problem habt ihr mit mir?"

5

Auch in Internetforen für Jugendliche kannst du dir Rückende-ckung holen und nette Leute kennenlernen, z. B. auf ❯ www. youthweb.net oder ❯ www.maedchen.de oder ❯ www.hilfe-ruf.de

6

Arbeite an deinem Selbstbewusstsein. Wenn du selbstsiche-rer bist, hast du eine ganz andere Ausstrahlung, als wenn du Zweifel an dir selbst hast. Schreibe dir auf, was deine Stärken sind: Worin bist du gut? Was für positive Eigenschaften hast du? Beispiele findest du auf Seite 113 f. Achte auf eine auf-rechte Körperhaltung: Schultern zurück, Kopf hoch. Du hast keinen Grund, dich zu verstecken!

7

Hilfreich sind auch kurze Ermutigungssätze, die du dir auf-schreibst und an die du in Situationen, in denen du gemobbt wirst, denkst, z. B.: „Die kennen mich doch gar nicht wirklich." Oder: „Wer mobbt, hat selber ein Problem" oder: „Ich bin gut, so wie ich bin." Oder auch: „Vor euch habe ich keine Angst."

8

Jesus hat seinen Nachfolgern versprochen: „Ich bin bei euch bis an das Ende der Welt." Und in Psalm 139,5 (LU) heißt es: „Von allen Seiten umgibst du mich und hältst deine Hand über mir." Dir immer wieder in Erinnerung zu rufen, dass der König des Universums in jeder Situation an deiner Seite ist, kann dir unheimlich viel Kraft geben!

9

Manchmal ist es aber auch hilfreich, sich zusätzlich „greif-barere" Wesen vorzustellen, die einen begleiten. Eine tolle Übung nennt sich „Der innere Helfer". Dabei malt man sich einen bestimmten Helfer aus, der einen stets begleitet und stärkt. Das kann ein Tier sein, ein Fabelwesen wie eine Elfe oder Fee, ein Engel oder eine Heldenfigur. Überlege dir genau, wie dieser Helfer aussieht und wie er dich unsichtbar begleitet. Stelle dir vor, was er dir in schwierigen Situationen sagen und wie er dich ermutigen würde. Du kannst auch einen Brief von deinem inneren Helfer an dich selbst schreiben.

10

Hol dir Hilfe. Mobbing kann richtig krank machen. Oft können festgefahrene Strukturen nur gelöst werden, wenn sich Leute von außen einmischen – zum Beispiel Lehrer, Eltern oder Schulsozialarbeiter. Deshalb bleibe nicht allein mit diesem Problem! Rede mit Menschen, denen du vertraust. Und trau dich, professionelle Hilfe in Anspruch zu nehmen. Beratungsadressen, auch online und telefonisch, findest du am Ende dieses Buches. Wichtig ist es auch, einen Vertrauenslehrer einzubeziehen. Er kennt sich in der Regel mit dem Thema aus und weiß über die Probleme an der Schule Bescheid. Oft kostet es Überwindung, Leute anzusprechen. Doch mache dir klar, dass genau das ihr Job ist. Und dass sie ihren Job nur gut machen können, wenn man auch auf sie zugeht. Denn häufig bekommen die Erwachsenen das Mobbing gar nicht mit oder wissen nicht, wie schlimm es ist.

11

Wenn du Christ bist, dann bete – um Selbstbewusstsein, Mut, Kraft und Hilfe in dieser schlimmen Zeit. Wenn du noch nie gebetet hast, versuche es doch einfach mal. Gott hört dich und ist gern bereit, dich zu stärken.

Wenn du alle diese Tipps probiert hast und es dennoch nicht besser wird, kann ein Schulwechsel ein sinnvoller Gedanke sein. Manchmal ist einfach ein Neuanfang nötig. Wichtig ist, in die neue Schule dann offen und selbstbewusst zu gehen, damit es diesmal anders läuft. Am besten lässt du dich professionell beraten, um in der neuen Umgebung Selbstbewusstsein auszustrahlen und die alten Zeiten wirklich hinter dir zu lassen.

Cyber-Mobbing

Oft findet Mobbing auch in den sozialen Netzwerken statt – in Form von Hass-Nachrichten per WhatsApp, dummen Kommentaren oder peinlichen Fotos auf Facebook. Das Schlimme ist, dass Dinge, die einmal im Netz stehen, nicht oder nur sehr schwierig gelöscht werden können. Deshalb solltest du sehr vorsichtig damit sein, welche Inhalte du ins Netz stellst oder anderen schickst. Denn mit unpassenden oder gar verletzenden Posts kannst du nicht nur anderen, sondern auch dir selbst schaden. Wenn du selbst von Hasskommentaren betroffen bist, dann dokumentiere die Angriffe: Mache Kopien von den Hass-Postings und beleidigenden Bildern, damit du Beweismaterialien hast. Melde bei WhatsApp, Instagram, YouTube und Co die Angriffe. In vielen Netzwerken gibt es auch die Möglichkeit, bestimmte Personen oder Inhalte zu blockieren. Und vor allem: Teile dich einem Erwachsenen mit! Gute Tipps und Infos zu diesem Thema findest du auch unter ❯ www.klicksafe.de.

Wenn andere gemobbt werden

Wenn du mitbekommst, wie andere gemobbt werden, dann mach nicht mit! Lass deine Freunde wissen, wie schlimm Mobbing ist – und dass sich sogar schon Jugendliche deswegen umgebracht haben!
Es ist nicht einfach, gegen den Strom zu schwimmen, aber wenn du tatenlos zusiehst, wie jemand gemobbt wird, wird es dir damit auch nicht gutgehen. Und den Mobbing-Opfern kann nicht geholfen werden, wenn niemand sich traut, den Mund aufzumachen.
Du kannst einen Unterschied machen, indem du nett zu den Opfern bist. Es ist oft einfacher, erst einmal mit einzelnen Leuten, zum Beispiel

einer Freundin, darüber zu reden, dass du das Mobbing nicht okay findest. Dann könnt ihr gemeinsam überlegen, was ihr tun könnt. Wichtig ist, dass ihr euch Hilfe von Erwachsenen holt – Lehrern und/oder Eltern. Das hat nichts mit Petzen zu tun, sondern ist total mutig und wichtig, um den Betroffenen zu helfen.

Lästern

Nicht ganz so offen wie Mobbing, aber auch ziemlich fies ist Lästern. Vielleicht kommst du mit anderen Mädels immer wieder in Situationen, in denen gemein über andere hergezogen wird? Dann kennst du vermutlich das Gefühl, dass das manchmal sogar Spaß macht, man sich aber hinterher oft ziemlich mies fühlt.

Jesus hat uns gesagt, dass wir die Menschen so behandeln sollen, wie wir selbst behandelt werden möchten. Das ist eine wichtige Grundregel, die dabei hilft, unser Verhalten zu bewerten. Wenn deine Gespräche mit anderen in Richtung Lästern und Schlecht-über-andere-Reden abdriften, dann frage dich: „Wie fände ich es, wenn andere so über mich sprechen würden? Wie fände Jesus das?"

Auch wenn die, über die gelästert wird, nicht dabei sind – es besteht immer die Gefahr, dass sie doch davon erfahren. Und das ist dann total verletzend!

Hinzu kommt, dass du dich selbst mit negativen Gedanken und Einstellungen „fütterst", wenn du über andere lästerst. Manchmal reicht es schon, das Thema zu wechseln, wenn du feststellst, dass du dabei bist, schlecht über andere zu reden. Wenn du dich aber immer wieder dabei erwischst, auf eine Art über andere zu sprechen, die nicht okay ist, kann es helfen, mit deinen „Läster-Schwestern" mal Klartext zu reden: „Hört mal, es passiert mir immer wieder, dass ich mit euch über andere lästere. Aber ich will das gar nicht, weil ich das gemein finde. Wir wollen ja auch nicht, dass andere so über uns reden. Ich fänds gut, wenn wir mal darauf achten, nicht mehr zu lästern." Ein solcher Kommentar wird dir bestimmt Respekt einbringen.

Wie finde ich gute Freundinnen?

Hast du Freundinnen, die an deiner Seite stehen und mit denen du Spaß haben kannst? Manchmal ist es gar nicht so einfach, gute Freundinnen zu finden. Der erste Schritt auf der Suche nach BFF ist es, selbst eine gute Freundin zu sein. Überlege dir mal, was eine gute Freundin für dich ausmacht, zum Beispiel:

→ Sie ist nett zu mir.
→ Ich kann mich auf sie verlassen.
→ Sie ist ehrlich.
→ Sie hört mir zu.
→ ...

Und dann versuche, diese Eigenschaften selbst zu leben – und andere Mädels genau so zu behandeln. Hilfreich ist es natürlich, wenn du dich unter Leute wagst. Klar, denn wenn man sich zu Hause nur einigelt, lernt man ja kaum Leute kennen! Sei also offen, überlege, welche Freizeitbeschäftigung oder welches Ehrenamt du mal ausprobieren könntest, und gehe dort, wo diese Aktivität stattfindet, freundlich auf die anderen zu. Tolle Möglichkeiten, um Freundschaften zu knüpfen, sind auch Jugendgruppen, Vereine, Bands, Chöre, Freizeiten oder Feriencamps. Achte darauf, wie du anderen entgegentrittst – lächle und zeige Interesse an dem, was sie dir erzählen. Natürlich sollte man die anderen auch nicht bedrängen – sei offen, aber auch taktvoll. Frage dich einfach immer wieder, wie du in dieser Situation gern behandelt werden würdest. Und sei nicht enttäuscht, wenn es nicht sofort klappt. Die meisten Menschen kennen Phasen, in denen sie keine guten Freunde hatten. Doch wenn man dranbleibt, findet man früher oder später Menschen, mit denen man auf „einer Wellenlänge ist", wie man so schön sagt.

Stress mit Freundinnen

Du hast es vermutlich auch schon mal erlebt: Streit mit deiner Freundin. Und das kann ziemlich anstrengend und verletzend sein! Meist ist es gut, wenn ihr euch nach einem Streit erst mal zurückzieht, damit ihr beide euch etwas beruhigen und nachdenken könnt. Vielen hilft es auch, ihre Gedanken und Gefühle aufzuschreiben. Überlege in Ruhe, was du falsch gemacht haben könntest – oder was du vielleicht anders verstanden hast, als deine Freundin es gemeint hat. Sei nicht zu stolz, dich für das, was du verbockt hast, zu entschuldigen. Natürlich kann es auch sein, dass der Fehler klar bei deiner Freundin liegt. Dann ist es wichtig, ihr ehrlich zu sagen, was dich an ihrem Verhalten stört und was du dir in Zukunft wünschen würdest. Am besten ohne Vorwürfe, aber in klaren Worten, zum Beispiel so: „Du, es hat mich echt traurig gemacht, dass du mich angelogen hast. Es ist mir wichtig, dass ich dir vertrauen kann. Bitte sage mir ab jetzt die Wahrheit."

Wenn man selbst verletzt ist, braucht man manchmal auch ein wenig Abstand, um seiner Freundin vergeben zu können. Das kannst du ihr dann auch ruhig erklären. Wichtig ist aber, grundsätzlich bereit zu sein zu vergeben. Wir Menschen machen alle Fehler – und so gehört es leider einfach zum Leben dazu, dass wir einander verletzen. Jesus hat uns aufgefordert, immer wieder zu vergeben. Wenn wir das nicht tun, sind wir nachtragend – wir tragen einem anderen seine Schuld nach. Wer ist aber diejenige, die trägt? Du selbst! Dieses Bild zeigt, dass wir selbst darunter leiden, wenn wir uns weigern zu vergeben: Wir sind schlecht gelaunt, innerlich verbittert, wütend... und fühlen uns dadurch selber mies.

Du solltest dich natürlich auch nicht ausnutzen lassen. Wenn deine Freundin dich immer und immer wieder enttäuscht, dann kann es auch mal dran sein zu sagen: „Ich vergebe dir – aber ich möchte mich erst mal nicht mehr mit dir treffen, weil mir das einfach nicht guttut." Und dich dann auf die Suche nach einer neuen Freundin zu machen.

IDENTITÄT, SELBSTWERT UND CO

Wer bin ich eigentlich - und wozu bin ich hier?

Liebes Tagebuch,

heute fühle ich mich mal wieder ganz seltsam. Ich bin total nachdenklich und habe so ein dumpfes Gefühl von Leere in mir. Ich schaue auf mein Leben, als wäre ich ein Beobachter, und frage mich plötzlich, wozu das alles eigentlich gut sein soll. Warum bin ich überhaupt hier? Welchen Sinn hat mein Leben? Ehrlich gesagt kommt mir alles manchmal ziemlich sinnlos vor ...

In der Jugendgruppe hat Maik - der Leiter - erzählt, dass Gott sich jeden von uns ausgedacht hat. Dass Gott wollte, dass ich geboren werde, und für mich Aufgaben in dieser Welt hat.

Aber ich bin mir so unsicher ... Manchmal denke ich, ich kriege überhaupt nichts hin. Und fühl mich total wertlos. In der Schule bin ich nur mittelmäßig, ich bin schüchtern und mit meinem Aussehen bin ich überhaupt nicht zufrieden: Mein Po ist viel zu breit, meine Brüste zu klein und mein Gesicht ist auch nichts Besonderes. Wenn ich mich mit den anderen Mädchen in meiner Klasse vergleiche, fühle ich mich manchmal richtig hässlich. Viele von denen sind total dünn und megahübsch. Und sie sind viel selbstbewusster als ich und kommen bei den Jungen besser an ...

Und dann wird in den Nachrichten von Kindern in Kriegsgebieten berichtet, und ich komme mir voll egoistisch vor, weil ich mir über so dummes Zeug Gedanken mache, während so viele Leute richtig schwere Probleme haben. Ich finde es so schrecklich, dass so viele Kinder auf der Welt richtig schlimm Hunger leiden oder schwer krank sind und keine Hilfe bekommen!

Aber auch hier bei uns passiert ja genügend Mist. Letzte Woche ist der Vater von einem Jungen aus meiner Schule gestorben. Einfach so, Verkehrsunfall. Die Mutter ist schwanger mit dem dritten Kind und jetzt sitzt die Familie da, ohne Papa...

Gott, warum muss so etwas passieren? Wie kannst du all das zulassen? Warum bin ich überhaupt hier, in dieser völlig kranken Welt?

Leonie

Lauter schwere Fragen

Als Kind leben wir lange Zeit einfach in den Tag hinein. Wir spielen, haben Spaß, sind natürlich auch mal traurig, aber fragen in der Regel nicht, was das alles überhaupt soll. Doch im Jugendalter fragen sich die meisten Menschen mehr oder weniger, was das Leben eigentlich für einen Sinn hat. Vielleicht hast du dich ja auch schon gefragt: Woher komme ich? Wozu bin ich hier? Und wohin gehe ich, was kommt nach dem Tod?

Zu all diesen Fragen gehört auch die Frage nach der Identität:

→ Wer bin ich eigentlich und wer will ich sein?
→ Was ist mir wichtig, wofür will ich mich einsetzen?
→ Was mache ich mit und wo grenze ich mich ab, weil ich es für falsch halte?
→ Wo gehöre ich dazu?
→ Und wer ist einfach nicht auf meiner Wellenlänge?

Als Kind übernehmen wir viele Einstellungen und Weltansichten einfach von unseren Eltern. Als Jugendliche aber fangen wir an, all das zu hinterfragen, weil wir unseren eigenen Weg und unseren eigenen Platz auf diesem Planeten finden müssen. Das kann manchmal ganz schön anstrengend und verwirrend sein!

Vielleicht hilft es dir ein wenig zu wissen, dass all diese Fragen zum Menschsein dazugehören wie das Atmen. Sie beschäftigen die Menschheit schon unglaublich lange und werden es vermutlich auch tun, solange noch Menschenfüße den Boden dieses Planeten berühren. Das unterscheidet uns auch von anderen Lebewesen – wir sind nicht einfach nur da, sondern wir setzen uns mit unserer Existenz auseinander. Das ist wertvoll und gleichzeitig manchmal beängstigend und belastend. Denn es ist nicht einfach, gute Antworten auf all diese Fragen zu finden. Und manchmal muss man es aushalten, eine ganze Weile ohne eine Antwort zu leben. Auf einige der großen Fragen findet man vielleicht sogar bis an sein Lebensende keine vollständige Erklärung.

Dennoch lohnt es sich, wenn du deine Fragen ernst nimmst und dich mit anderen darüber austauschst, Bücher dazu liest, Filme anschaust, deine Gedanken und Fragen aufschreibst und schriftlich durchdenkst... Du nimmst sie auf diese Weise mit auf deinen Lebensweg. Vielleicht hast du hier und da mal ein Aha-Erlebnis, bekommst eine kleine Ahnung von dem, wie manches zusammenhängt, oder machst Erfahrungen, die deine Fragen noch mal komplett verändern...

Den eigenen Standpunkt finden

Als Kind wurdest zu ziemlich stark geprägt von dem, was deine Eltern glauben – wovon sie überzeugt sind, welche Werte ihnen wichtig sind. Wenn sie gläubig sind, hast du vermutlich mit ihnen gebetet oder sie zu christlichen Veranstaltungen, zum Beispiel dem Gottesdienst, begleitet. Vielleicht hast du auch selber gebetet.

Die Jugend ist eine Zeit, in der man sich auf den Weg zu seinen eigenen Überzeugungen macht. Das bedeutet nicht, dass alles, was deine Eltern glauben, falsch ist. Aber du spürst vermutlich selbst, dass du das nicht mehr alles einfach so hinnimmst, nur weil deine Eltern das so sehen – und das ist gut so! Du darfst zweifeln und Fragen stellen. Auch zum Thema Christsein! Du darfst eine andere Meinung haben oder dir unsicher sein. Das ist völlig okay und gehört zum Erwachsenwerden dazu. Niemand darf dir vorschreiben, was du zu glauben oder nicht zu glauben hast. Mein Tipp: Bleibe offen! Auch wenn du aktuell den Eindruck hast, nicht glauben zu können – tausche dich mit anderen darüber aus. Möglichst mit Menschen, die unterschiedliche Meinungen haben. Lass dich nicht drängen, sondern nimm dir die Zeit, die du brauchst. Und sei gleichzeitig mutig, neue Sichtweisen kennenzulernen.

Für viele Jugendliche gibt es im kirchlichen Leben wichtige „Stationen" wie Firmung, Konfirmation, kirchlichen Unterricht oder Ähnliches. Die Treffen im Vorfeld, zum Beispiel der Konfirmationsunterricht, sind eine gute Möglichkeit, sich offen mit Fragen über Gott und die Welt auseinanderzusetzen. Das bedeutet nicht, dass du danach eine Entscheidung treffen musst! Lass dich da bitte nicht unter Druck setzen. Man kann problemlos zum Konfirmationsunterricht gehen und sich dann doch nicht – oder erst später – konfirmieren lassen. Nur weil andere Jugendliche sich taufen/firmen/konfirmieren lassen und damit eine Glaubensentscheidung treffen, heißt das nicht, dass du das auch tun musst. Gott hat dir Freiheit geschenkt und gönnt dir diese Freiheit.

Manchmal kann es aber auch gut sein, einfach mal einen Schritt zu wagen. Denn eine Sache wird immer bleiben, egal, wie lange du dir Zeit lässt: Glauben ist immer *Glauben*, und eben nicht *Wissen*. Man kann begründen, warum es Sinn macht, an Gott zu glauben. Doch man kann Gott nicht beweisen – man muss ihn erleben.

Falls du magst, kannst du Gott ja einfach mal sagen: „Ich bin mir nicht sicher, ob es dich gibt, aber ich will einfach mal versuchen, wie das ist mit dem Glauben!" Das bedeutet nicht, dass du alle Meinungen und Standpunkte anderer Christen übernehmen musst. Es gibt gewisse Kernaussagen des christlichen Glaubens, zum Beispiel:

→ dass Gott diese Welt erschaffen hat,

→ dass sein Sohn Jesus der Erlöser dieser Welt ist,

→ dass Gott durch den Heiligen Geist unter uns Menschen wirkt,

→ dass die Bibel ein ganz besonderes Buch ist, durch das Gott uns Menschen ganz persönlich ansprechen kann.

Aber wie genau die Welt entstanden ist, was nach dem Tod mit Menschen passiert, die nicht an Jesus glauben, wie man den Heiligen Geist erleben kann oder ob die Bibel wortwörtlich genommen werden oder vor ihrem historischen Hintergrund verstanden werden muss – all das sind Fragen, auf die Christen unterschiedliche Antworten haben. Natürlich darf man darüber diskutieren – aber die Liebe zu Gott und zu anderen Menschen sollte dabei stets wichtiger sein als unsere Meinung! Liebe bedeutet, es auszuhalten, wenn ein anderer meine Ansichten nicht teilt – und ihn trotzdem wertzuschätzen und zu respektieren.

Eltern und Familie

Mit dem Erwachsenwerden verändert sich auch deine Beziehung zu den Eltern. Deine Freundinnen werden wichtiger, und vielleicht hast du manchmal das Gefühl, deine Eltern verstehen dich gar nicht.

Wenn du in einer Wohngruppe oder Pflegefamilie aufwächst, bist du in einer anderen Situation. Vielleicht siehst du deine Eltern nur selten oder auch gar nicht mehr. Das ist ziemlich belastend und in der Pubertät wird einem das oft noch klarer. Rede mit anderen Menschen über das, was dich traurig macht.

Wenn du nicht bei deinen Eltern aufwächst, wirst du wahrscheinlich andere Erwachsene haben, die in deinem Leben eine wichtige Rolle spielen – zum Beispiel Erzieher oder Pflegeeltern. Und auch mit ihnen wirst du in der Pubertät wahrscheinlich öfter mal Stress haben, ähnlich wie andere Jugendliche mit ihren Eltern.

Die Ablösung von deinen Bezugspersonen ist ein ganz normaler Prozess – du bist kein Kind mehr und wirst jetzt immer selbstständiger. Du bist auf der Suche nach deiner eigenen Identität und musst dazu die Werte und Vorstellungen deiner Eltern erst einmal infrage stellen. Als Kind sieht man vieles genauso wie die Erwachsenen, die einem wichtig sind, und übernimmt deren Einstellungen häufig einfach – das ändert sich in der Pubertät.

Es ist also völlig okay, wenn du Dinge anders siehst als die Erwachsenen. Versuche, ihnen das freundlich zu erklären und ihnen zu zeigen, dass sie dir trotzdem weiterhin wichtig sind. Die meisten Eltern (auch Pflegeeltern und Erzieher) sind selbst ziemlich unsicher im Umgang mit Heranwachsenden, die gerade in der Pubertät sind, und benehmen sich deshalb manchmal „seltsam". Du kannst ihnen helfen, indem du offen mit ihnen sprichst und ihnen zeigst: „Ich brauche jetzt mehr Freiheit – ihr könnt euch aber auf mich verlassen!" Zeige ihnen, dass sie dir vertrauen können, indem du pünktlich nach Hause kommst oder dich meldest, wenn mal etwas dazwischenkommt, und indem du deine Pflichten ernst nimmst. Wenn du mit ihren Erwartungen nicht einverstanden bist, dann versuche das in einem ruhigen Gespräch zu erklären. Folgende Punkte können dir dabei helfen:

→ Warum wünschst du dir, dass die Erwachsenen ihren Standpunkt ändern? Welche Bedürfnisse stehen dahinter (z. B. mehr Zeit mit Freunden, mehr Freiraum)?

→ Welche Einwände oder Bedenken haben die Erwachsenen? Worauf könnt ihr euch möglicherweise einigen, sodass beide Seiten zufrieden sind?

→ Manchmal gibt es so viel Streit, dass man jemanden von außen braucht, der vermitteln kann. Wenn es zu Hause viel Stress und Streit gibt, dann kannst du kostenlose, professionelle Hilfe in Anspruch nehmen. Du kannst dich z. B. an die „Nummer gegen Kummer" oder an eine Beratungsstelle vor Ort wenden, die du unter ❯ www.dajeb.de finden kannst.

Ich selber werden

Wer bin ich eigentlich? Was für ein Mensch möchte ich sein? – In der Zeit des Erwachsenwerdens sind das ganz normale Fragen.

Wie du dich selbst siehst, wie du dich verhältst, wie du denkst – über die Welt, den Glauben, über andere, über dich selbst – all das wird stark geprägt durch die Erfahrungen, die du bisher im Leben gemacht hast. Das können positive Erfahrungen sein, etwa das Erleben, dass bestimmte Menschen zuverlässig für dich da sind. Das können aber auch Belastungen sein, die du beispielsweise erfahren hast, weil deine Eltern dir nicht die Liebe und die Unterstützung geben konnten, die du gebraucht hättest. Oder die Erfahrung, dass Gleichaltrige dich abgewiesen haben.

All das, was uns geprägt hat, führt dazu, dass wir bestimmte Überzeugungen und Erwartungen entwickeln, beispielsweise:

→ „Es bringt nichts, sich anzustrengen. Das Leben ist eh unfair."

→ „Ich bekomme Anerkennung für meine Leistung. Deshalb muss ich immer mein Bestes geben."

→ „Ich werde von anderen gemobbt. Ich bin deshalb nichts wert für andere."

Solche Überzeugungen können uns ganz schön belasten und das Leben schwer machen!

Es ist gut, wenn du dich mal in einer ruhigen Minute selbst fragst, welche Erfahrungen du bisher mit dem Leben und mit anderen Menschen gemacht hast – und wie du dein Leben wahrnimmst. Hier eine kleine Übung dazu:

Du brauchst: ein Blatt Papier, Stift, ein ruhiges Eckchen, etwas Zeit. Mach dir mal Gedanken zu folgenden Fragen und schreibe deine Antworten auf:

→ Welche Personen haben dich in deinem Leben besonders stark geprägt? (Das sind meistens die Eltern und oft auch Großeltern, andere Verwandte, Freunde, Erzieher ...)

→ Wähle zwei bis vier Personen aus, die den stärksten Einfluss auf dich hatten.

Beantworte nun zu **jeder Person** folgende Fragen:

1. Welche Erinnerungen steigen in dir hoch, wenn du an diesen Menschen denkst? Zum Beispiel: Erinnerung an Streit oder an gemeinsames Spielen etc.
2. Welche Gefühle spürst du? Zum Beispiel: Geborgenheit, Fröhlichkeit oder auch Wut, Unsicherheit, Angst ...
3. Was hat dieser Mensch dir über das Leben beigebracht? Welche Werte oder Ziele oder Grundeinstellungen? Entweder, weil die Person selbst diese Einstellung hatte – oder weil sie dich auf eine bestimmte (gute oder negative) Weise behandelt hat.

Eher negative Beispiele:
→ „Man muss immer fleißig sein."
→ „Hilf dir selbst, sonst tut es keiner."
→ „Die Welt ist voller Gefahren – man muss immer aufpassen."
→ „Es ist wichtig, was die Leute über einen denken."

Positive Beispiele:

→ „Man muss nicht immer perfekt sein."

→ „Es gibt immer Menschen, denen man wichtig ist."

→ „Es gibt immer einen Ausweg aus der Krise."

4. Was hat diese Person dir über dich selbst beigebracht? Welches Gefühl, welche Einstellung zu dir selbst hat sie gefördert?

Beispiele:

→ „Ich bin wertvoll, so wie ich bin."

→ „Ich bin etwas Besseres."

→ „Ich bin seltsam und keiner versteht mich."

→ „Egal, wie sehr ich mich anstrenge – ich bin nie gut genug."

5. Welche deiner Einstellungen oder Eigenschaften könnte aus diesen Erfahrungen mit der Person (bzw. allgemein mit anderen Menschen) entstanden sein?

Beispiele:

→ „Ich bin ängstlich und mache mir viele Sorgen."

→ „Ich bin unsicher und habe immer Angst, unangenehm aufzufallen."

→ „Ich mache mir Druck und meine, immer perfekt sein zu müssen."

→ „Ich will es allen recht machen."

→ „Ich gebe mir keine Mühe, weil es eh nichts bringt."

→ „Ich lasse niemanden an mich heran."

Es hilft sich klarzumachen, dass der eigene Blick auf die Welt, die eigenen Einstellungen durch solche Prägungen entstanden sind. Denn so kann man sich auch bewusst machen: Das, was ich so vom Leben denke, ist nicht unbedingt die Realität!

Das ist meine bisherige Erfahrung – ich kann aber neue Erfahrungen machen und meine Einstellung ändern.

Man kann also seine eigenen Überzeugungen und Einstellungen hinterfragen:

→ Ist das wirklich so?
→ Welche Beweise gibt es dafür?
→ Könnte es auch anders laufen, wenn ich etwas ändern würde?
→ Wozu führt es, wenn ich so denke?
→ Was könnte ich stattdessen denken?

Beispiele:
Deine Erfahrungen haben dich zu der Überzeugung geführt: „Ich lasse keinen an mich heran, weil mich eh alle enttäuschen." Wenn du das mal hinterfragst, kannst du dir klarmachen: „Bisher habe ich das oft so erlebt. Aber wenn ich anderen eine Chance gebe, kann ich vielleicht auch mal das Gegenteil erleben."

Oder: „Viele haben mich enttäuscht, aber es gab auch Ausnahmen – Menschen, die gut zu mir waren und auf die ich mich verlassen konnte."

Manchmal sind Prägungen aber auch so massiv und belastend, dass man sie mit einer ausgebildeten Seelsorgerin oder in einer Psychotherapie aufarbeiten sollte. Informationen dazu findest du im ❯ Anhang des Buches.

Du bist wertvoll!

Liebes Tagebuch,

warum muss das Leben so unfair sein?

Ich habe heute die Mathearbeit wiederbekommen, für die ich wochenlang gepaukt habe - und es ist eine glatte Fünf! Ich habe ja schon beim Schreiben gemerkt, dass ich mich irgendwie gar nicht konzentrieren konnte und voll das Brett vorm Kopf hatte, aber ich hatte doch gehofft, dass zumindest ein paar Aufgaben richtig wären ...

Ich verstehe das einfach nicht. Ich fühle mich manchmal so dumm, weil ich Französisch einfach nicht kapiere! Und in Englisch und Erdkunde ist es genauso schlimm. In Sport bin ich eine der Schlechtesten. Eigentlich gibt es kein Fach, in dem ich so richtig glänze. Chemie und Physik mache ich voll gern, aber selbst da bekomme ich meistens nur Dreien oder ab und zu mal eine Zwei. Wenn ich mir da meine Freundin Steffi anschaue mit ihren vielen Einsen ... Und Pauline ist zwar auch nicht so gut in der Schule, aber sie sieht dafür umwerfend aus und kann total toll malen und ist megasportlich.

Und ich? Na ja, ich kann gut mit Tieren umgehen und mit kleinen Kindern, und ich bin gut darin, mir Geschichten auszudenken. Aber irgendwie denke ich doch ganz oft, dass alle anderen viel mehr Stärken haben als ich. Es fühlt sich dann so an, als ob alle anderen viel toller sind und ich ein Nichts ...

Das ist auch in Gruppen so - in der Jugendgruppe bin ich meistens einfach dabei und mache mit, aber im Mittelpunkt stehen meistens andere. Und auf dem Schulhof dreht sich immer alles um Pauline oder um Zoé oder Annabel. Die Jungen aus unserer Schule interessieren sich auch nicht wirklich für mich, und für die Lehrer bin ich, glaub ich, auch einfach eine von vielen mittelmäßigen Schülerinnen. Manchmal fühle ich mich selbst richtig langweilig und irgendwie unbedeutend!

Leonie

Kennst du die Gefühle, die Leonie hier beschreibt? Hast du auch manchmal den Eindruck, wertlos und unwichtig zu sein?
Diese Unzufriedenheit mit sich selbst kennt wohl fast jeder Mensch, weil er sie irgendwann mal erlebt hat. In der Jugendzeit treten solche Gefühle besonders häufig auf, weil man ja grad mittendrin ist in einem mega-intensiven Entwicklungsprozess: Der Körper verändert sich, die Gefühle, das Gehirn, das Denken... da ist es völlig normal, dass man da manchmal total unzufrieden mit sich selbst ist! Halte dir vor Augen, dass diese Phase vorbeigeht. Wenn du dein Leben aktiv gestaltest, ausprobierst, was dir liegt, und dir Unterstützung von anderen holst, wirst du nach und nach immer mehr entdecken, was in dir steckt.
Denn eines ist ganz klar – auch wenn du das nicht immer so empfindest: Du bist unbezahlbar und unendlich wertvoll!!

Du bist einmalig, unglaublich wertvoll und etwas ganz Besonderes. Und nur du kannst die Welt auf deine Weise bereichern.

Jeder Mensch auf diesem Planeten ist einzigartig, weil es genau diesen Menschen nur dieses eine Mal gibt. Du bist unersetzlich! Niemand hat genau so ein Lächeln oder solche Augen wie du. Niemand kann auf dieser Welt das bewirken, was du bewirken kannst. Nicht deine Leistung oder dein Aussehen oder deine Beliebtheit bestimmen deinen Wert. Du bist wertvoll – einfach, weil du *du* bist!

Stärken und Schwächen

Du kannst lernen, dich selbst mehr und mehr anzunehmen – auch mit deinen Schwächen – die ja jeder Mensch hat. Jeder kennt Bereiche, in denen er richtig schlecht ist, weil ihm einfach bestimmte Sachen schwerfallen. Na und? Das ist menschlich und man kann lernen, selbstbewusst damit umzugehen!

Aber starre jetzt nicht auf deine Schwächen. Denn du hast, wie jeder Mensch, unglaubliche Stärken! Schau dorthin! Vielleicht brauchst du noch eine Zeit, bis du sie herausgefunden hast. Aber sie schlummern in dir, das ist absolut sicher!

Nimm dir ein leeres Blatt und schreibe darauf alles Positive an dir und an deinem Leben. So kannst du deinen Stärken schon ein wenig auf die Spur kommen. Und du siehst gleichzeitig, was deine Kraftquellen sind, aus denen du für deinen Alltag schöpfen kannst:

Der Weg zu meinen Kraftquellen

Das kann ich gut:
_____
_____

Das mag ich an meinem Aussehen:
_____
_____

Dafür loben mich andere:
_____
_____

Das mache ich gern:

_____

_____

Diese Menschen in meinem Leben sind mir wichtig:

_____

_____

Das gibt mir in meinem Leben Kraft:

_____

_____

Auf den Seiten 113–114 findest du eine Auswahl mit möglichen Stärken. Lies sie dir einfach mal durch, um eine Idee zu bekommen, was deine Stärken sein könnten. Kreise die Dinge ein, von denen du meinst, sie treffen auf dich zu.

selbstbewusst

flexibel (komme mit unterschiedlichen Menschen/Situationen zurecht)

durchsetzungsstark

kreativ

ehrgeizig

EHRLiCH

entschlossen
(ich weiß, was ich will!)

humorvoll

UNKOMPLiZiERT

kritikfähig
(ich lasse mir sagen,
was ich falsch mache und bin
bereit, das zu ändern)

MUTiG

locker

offen

teamfähig

belastbar

begeisterungsfähig

HiLFSBEREiT

freundlich

ausdauernd (ich mache weiter,
auch wenns schwierig wird)

RiSiKOBEREiT

sozial engagiert

nachdenklich

RUHiG

kann Streit gut schlichten

ich kann Leute gut aufmuntern

ich kann das Leben genießen

lernbereit

zuverlässig

fleißig

SPONTAN

NEUGiERiG

SPRACHBEGABT

künstlerisch begabt

musikalisch

mathematisch begabt

verantwortungsbewusst

kann andere überzeugen

naturwissenschaftlich
begabt

sportlich

kann gut
entspannen

KANN GUT ORGANiSiEREN

ordentlich　　　　LERNE SCHNELL NEUES

　　　　　sorgfältig

technisch begabt　　　**handwerklich begabt**

　　　habe eine große Fantasie

　　　　　　　　　　HÖFLICH

**kann mich
gut ausdrücken**

　　　　kann mich gut in andere
　　　　Menschen hineinversetzen

KANN GUT MIT KINDERN UMGEHEN

　　　　　　　　kann gut mit Tieren
　　　　　　　　　　umgehen

**bin gut darin,
neue Leute kennenzulernen**　　*kann gut zuhören*

probiere gern Neues aus

　　　　　　　*kann mich gut
　　　　　　　selbst motivieren*

kann gut kochen

　　　　　　　KANN MIR DINGE GUT MERKEN

kann gut backen

　　　　　　　kann gut puzzeln

kann bestimmte Spiele gut

　　　　　　　KANN GUT SUDOKU

kann anderen
gut vergeben　　　　GEDULDIG

optimistisch　　　*selbstbestimmt
　　　　　　　(ich weiß, was ich will,*

bin eine gute Freundin　　*und ziehe das auch durch)*

RÜCKSICHTSVOLL　　*kann mich ehrlich entschuldigen*

　　　　　　intelligent

kann Fehler zugeben

　　　　　kann Dinge reparieren

Kreise alles ein, was auf dich zutrifft. Und ergänze, was dir sonst noch so einfällt. Wenn es dir schwerfällt, etwas zu finden, versuche dich in die Rolle von jemandem hineinzuversetzen, der dich gern hat. Welche Dinge würde er/sie wohl für dich ankreuzen? Du kannst auch einigen Leuten, die dir nahestehen, kleine Zettel geben und sie bitten, aufzuschreiben, was sie an dir mögen. Vielleicht macht ihr einen Tausch – du gibst den Personen ebenfalls jeweils einen solchen Zettel. Das stärkt auf jeden Fall die Freundschaft und euer Selbstbewusstsein!

Die folgende Geschichte illustriert sehr schön, wie man lernen kann, den eigenen Wert zu erkennen:

Tayo, der Wolf, wird gebraucht

Es war einmal ein Wolf namens Tayo. Er hatte fünf Geschwister: drei Brüder namens Isegrimm, Ayko und Wolfram, und zwei Schwestern namens Luna und Waya. Die meisten seiner Geschwister konnten irgendetwas besonders gut: Isegrimm war ein starker Kämpfer, Ayko und Wolfram waren sehr schnell und Luna hatte die schönste Stimme des ganzen Wolfsrudels. Waya war noch zu jung, um irgendetwas besonders gut zu können, aber alle fanden sie niedlich und entzückend.

Nur Tayo bekam fast nie Lob. Im Gegenteil, er wurde oft ausgelacht. Wenn jemand in einen Matschhaufen trat, dann Tayo. Und beim Raufen mit den anderen Wölfen gewann Tayo nur selten. Er konnte irgendwie nichts so richtig gut: Er war nicht besonders schnell, nicht besonders stark und konnte überhaupt nicht gut heulen. Seine Geschwister heulten immer laut und kräftig mit, wenn der Mond schien, aber seine Stimme klang krächzend und nicht besonders schön. Deshalb heulte Tayo niemals. Er schämte sich zu sehr. Er wünschte sich so, dass sein Wolfsvater Lupo auch einmal zu ihm sagen würde: „Ich bin stolz auf dich." Doch das sagte er immer nur zu seinen Geschwistern. Seine Mutter hatte auch wenig Zeit für ihn, weil die kleine Waya noch so jung war und viel Pflege brauchte. Deshalb fühlte sich Tayo oft allein. Manchmal kam es ihm so vor, als wäre er niemandem wichtig. Und das war wohl ein Grund dafür, dass er so oft wütend wurde. Sehr oft, wenn er mal wieder das Gefühl hatte, dass er ungerecht behandelt wurde, kroch in ihm ein ganz heftiges Gefühl hoch. Er hatte sich gar nicht mehr richtig unter Kontrolle und begann zornig zu knurren, die Zähne zu fletschen und manchmal biss er sogar zu. Deshalb hatte die kleine Waya Angst vor ihm, was Tayo ganz schlimm fand. Denn eigentlich wollte er nicht ausrasten.

Eines Tages traf er eine traurige Entscheidung: Er würde den Wald verlassen. Er war sich sicher, dass er hier nicht gebraucht wurde. So schlich er sich mitten in der Nacht, bei Mondschein, heimlich fort. Als er noch einen letzten Blick auf seine schlafende Mutter warf, rollte eine Träne seine Schnauze herunter.

Er war schon einige Hundert Meter gelaufen, da hörte er auf einmal seinen Namen. Erstaunt blickte er sich um. Oben auf dem Ast saß die kluge Eule Juri: „Wohin möchtest du, mein Freund?", fragte Juri.

Tayo zuckte unsicher mit den Schultern: „Einfach weg. Mich will hier eh keiner haben."

Erstaunt blickte Juri ihn an: „Wie kommst du denn darauf?"

Tayo sah zu Boden: „Ich bin keinem wichtig. Meine Eltern haben keine Zeit für mich und sie finden meine Geschwister viel toller. Ich habe hier keinen Platz."

Juri flatterte vom Baum herab und setzte sich neben Tayo. Überrascht stellte Tayo fest, dass Tränen in Juris Augen standen. „Warum weinst du?", wollte er wissen.

Da kullerten die Tränen nur so Juris Federkleid herunter und die Eule schniefte: „Weil du hier fehlen wirst. Weil es einen Platz für dich gibt, der dann leer wäre. Weil es wichtige Aufgaben gibt, die auf dich warten."

Tayo legte den Kopf schief: „Wie meinst du denn das?"

Die Eule wischte sich mit dem Flügel eine Träne vom Auge:

„Lieber Tayo, jedes Lebewesen hat einen Platz auf der Erde. Auf der ganzen weiten Welt gibt es niemanden wie dich. So viele Lebewesen gibt es auf der Welt – aber deine Augen gibt es nur dieses eine Mal! Jeder Wolf, jede Eule, jeder Menschen ist einmalig und wertvoll, so, wie er ist!"

„Aber ich kann doch gar nichts Besonderes!", protestierte Tayo.

„Vielleicht siehst du es noch nicht", antwortete die Eule, „aber in jedem Einzelnen steckt etwas Besonderes. Jeder hat eine Stärke und für jeden gibt es eine Aufgabe in dieser Welt. In dir schlummern Fähigkeiten, mit denen du andere unterstützen kannst. Und andere wiederum können dir helfen. So können wir alle zusammen diese Welt zum Guten verändern."

„Dass ich wertvoll bin, höre ich zum ersten Mal", murmelte Tayo leise und begann zu weinen.

Die Eule legte einen Flügel um Tayo und drückte ihn fest an sich: „Komm mal mit."

Sie lief mit ihm zum kleinen Bach, und auf einmal sah Tayo auf der Wasseroberfläche ein Bild von einem alten Wolf, der ihn freundlich ansah. Es war, als würde das Bild lebendig, und der Wolf sprach: „Ich bin deine Urgroßmutter Annabel. Du kennst mich nicht, aber ich bin so stolz auf dich. Gib nicht auf!"

Tayo schnappte erstaunt nach Luft, doch da erschien schon ein zweites Bild auf dem Wasser: ein Wesen, das Tayo noch nie gesehen hatte – und doch fühlte es sich an, als wäre es Tayo schon immer unsichtbar nahe gewesen. Es sah mächtig und stark aus und gleichzeitig waren seine Augen voller Liebe.

„Ist das etwa der Große Geist?", fragte Tayo aufgeregt.

Juri nickte: „Die Indianer nennen ihn den Großen Geist. Andere reden von Gott, wieder andere von einer guten Macht oder der Liebe. Doch wie auch immer du ihn nennst – dass du geboren wurdest, war seine Idee. Und auch für ihn bist du unbezahlbar wertvoll. Du wirst geliebt!", bekräftigte Juri. „Es ist schlimm, wenn die Eltern einem diese Liebe nicht zeigen können. Du darfst darüber weinen – weinen tut oft gut. Doch das Versagen deiner Eltern ändert nichts daran, wie wertvoll du bist. Manchmal spüren wir lange Zeit keine Liebe – und doch ist sie da. Wie die Sonne, die sich an Regentagen hinter Wolken versteckt. Immer, wenn ein anderer freundlich zu dir ist, kommt etwas von der Liebe bei dir an!"

„Das fällt mir schwer zu glauben", gab Tayo zu.

Juri nickte. „Du kannst dich entscheiden, es einfach mal zu versuchen. Tu so, als würdest du es glauben! Du musst dich nicht mehr mit anderen vergleichen. Du musst dich nicht mehr ärgern, wenn etwas ungerecht läuft. Denn dass du etwas Besonderes bist, steht sowieso schon fest. Versuche das Gute in anderen zu sehen. Gehe mit offenen Augen durch die Welt und schaue, wo du Gutes tun kannst. Dann wirst auch du Liebe und Freundlichkeit erleben."

Tayo beschloss, Juri wirklich einmal zu glauben. Zumindest für zwei Wochen wollte er es ausprobieren.

Und so ging er zurück zu seiner Familie.

Und immer, wenn er etwas ungerecht fand, ging er zum Bach, sah seine Augen an und sagte sich: „Ich bin wertvoll." Und es veränderte sich etwas: Je mehr er das glaubte, desto weniger musste er darum kämpfen, Erster zu sein oder Aufmerksamkeit zu bekommen.

Nur die Ausraster kamen noch manchmal vor. Tayo beschloss, Juri zu fragen, ob er auch dafür einen Tipp hätte. Die kluge Eule riet ihm: „Dein Atem ist dein Freund. Der Trick ist: Wenn du wütend bist, dann sage dir: ‚Wolfs-Atmung vertreibt die Wut.'"

Tayo runzelte die Stirn: „Hä?"

Juri grinste: „Die Wolfs-Atmung geht so: Du atmest tief durch die Nase ein und machst dabei deinen Bauch ganz rund, wie einen Luftballon. Dabei zählst du bis fünf. Dann atmest du langsam wieder aus und zählst dabei bis sieben. Und das machst du, bis du merkst, dass du etwas ruhiger wirst. Komm, wir versuchen es mal..." Fröhlich ging Tayo zurück zu den anderen Wölfen. Immer, wenn er sich über etwas ärgerte, dachte er an diesen Satz und zählte seine Atemzüge. Und wirklich: Es klappte noch nicht jedes Mal, aber immer öfter!

Eines Tages kam ein streunender Hund namens Tassilo zum Wolfsrudel. Die Menschen hatten ihn schlecht behandelt und deshalb wollte er nun im Wald leben. Die Wölfe schickten ihn zwar nicht weg, aber sie waren auch nicht besonders nett zu ihm. „Das ist doch nur ein Hund!", sagten sie oft. „Der kann nicht mal heulen."

Doch Tayo dachte an die Worte der Eule, die gesagt hatte, dass jedes Lebewesen wertvoll war…

An einem Abend war lautes Hundegebell zu hören. Die anderen Wölfe meinten: „Ach, der Hund. Der will bestimmt eh nichts Wichtiges." Tayo aber erinnerte sich wieder an Juris Worte und beschloss, dem Bellen zu folgen, um zu sehen, ob Tassilo Hilfe brauchte. Als er den Hund erreicht hatte, sah er, dass dieser sehr aufgebracht wirkte.

„Wir müssen die anderen Wölfe warnen!", sagte Tassilo. „Ich habe Jäger beobachtet, die das Wolfsrudel überfallen wollen, weil sie ihr Fell für teure Pelze benutzen wollen! Sie wissen, wo die Wölfe schlafen, und sind schon auf dem Weg – mit vielen großen Gewehren!"

Oh nein! Tayos Herz raste. Was sollte er nur tun? Wenn er erst den langen Weg zurückrannte, käme er womöglich zu spät. Ihm blieb nichts anderes übrig, als das zu tun, das er sonst nie tat: laut zu heulen! Er schämte sich noch immer für seine krächzende Stimme, aber ihm war klar: Nur so konnte er die anderen Wölfe retten! Also nahm Tayo all seinen Mut zusammen und heulte – krächzend, aber laut und kräftig und so lange er konnte.

Als er Ayko und Wolfram herbeirennen sah und hinter ihnen die anderen, atmete er erleichtert auf. Auch Tassilo freute sich: „Du hast sie gerettet!", rief er.

Rasch erzählte Tayo den anderen, warum er sie gerufen hatte.

Das ganze Rudel dankte Tayo: „Danke, dass du uns gerettet hast, obwohl wir nicht immer nett zu dir waren!"

Isegrimm stupste Tayo freundlich an: „Weißt du, als du mit dem Heulen anfingst, war es recht laut im Wald, weil gerade auch andere Wolfsrudel heulten und einige Waldkauze durch die Gegend riefen. Aber weil deine Stimme so anders klingt, war uns klar: Das ist Tayo und es muss etwas Wichtiges sein! Sonst würde er nicht so laut heulen! Und so machten wir uns alle auf den Weg – und konnten gut hören, aus welcher Richtung das krächzende

Heulen kam." Isegrimm grinste: „Siehst du, da war deine Schwäche – die krächzende Stimme – eine richtige Stärke!"
Tayo nickte. Von diesem Tag an heulte er jede Nacht mit den
anderen Wölfen. Er schämte sich nicht mehr dafür, dass seine
Stimme anders war – nein, er war sogar stolz darauf, denn gerade diese Schwäche hatte die Wölfe gerettet! Und als er Juri
wiedersah, rief er fröhlich: „Du hattest recht!"
Die Eule lächelte wissend.
Mehr brauchte Tayo ihr nicht zu erklären.

Für Tayo war die Begegnung mit der Eule Juri sehr wichtig.
Stelle dir doch mal vor, dass auch dir so ein Wesen – ein sogenannter
„innerer Helfer" begegnen würde, der dir bei einer Sache, die dich momentan belastet oder herausfordert, hilft. Was für ein Wesen könnte
das für dich sein? Ein bestimmtes Tier? Ein Engel? Ein Fabelwesen?
Über welches Thema würde es mit dir sprechen? Was bedrückt dich,
macht dir Sorgen oder nervt dich zurzeit? Oder gibt es etwas, das dir
gerade ganz wichtig ist und dich glücklich macht, worüber du aber
auch noch unsicher bist oder wozu du Fragen hast?
Was würde dein innerer Helfer dir sagen, um dich zu stärken und gut
zu beraten? Schreibe doch mal einen Dialog, in welchem du deinem
inneren Helfer eine Frage stellst, und überlege, wie er dir darauf antworten könnte.

Wunderbar und einzigartig gemacht
Herr, du durchschaust mich, du kennst mich durch und durch.
Ob ich sitze oder stehe – du weißt es, aus der Ferne erkennst du, was
ich denke.
Ob ich gehe oder liege – du siehst mich, mein ganzes Leben ist dir ver-
traut.
Schon bevor ich anfange zu reden, weißt du, was ich sagen will.

*Von allen Seiten umgibst du mich und hältst deine schützende Hand
über mir.*

*Dass du mich so genau kennst, übersteigt meinen Verstand; es ist mir
zu hoch, ich kann es nicht begreifen!*

*Wie könnte ich mich dir entziehen; wohin könnte ich fliehen, ohne dass
du mich siehst?*

*Stiege ich in den Himmel hinauf – du bist da! Wollte ich mich im Toten-
reich verbergen – auch dort bist du!*

*Eilte ich dorthin, wo die Sonne aufgeht, oder versteckte ich mich im
äußersten Westen, wo sie untergeht,*

dann würdest du auch dort mich führen und nicht mehr loslassen.

*Wünschte ich mir: „Völlige Dunkelheit soll mich umhüllen, das Licht um
mich her soll zur Nacht werden!" – für dich ist auch das Dunkel nicht
finster; die Nacht scheint so hell wie der Tag und die Finsternis so strah-
lend wie das Licht.*

*Du hast mich mit meinem Innersten geschaffen, im Leib meiner Mutter
hast du mich gebildet.*

*Herr, ich danke dir dafür, dass du mich so wunderbar und einzigartig
gemacht hast! Großartig ist alles, was du geschaffen hast – das erkenne
ich!*

Psalm 139,1–14; Hfa

Dieser Psalm spricht von der unglaublichen Liebe Gottes zu jedem
einzelnen Menschen. Gott hat dich ganz bewusst geschaffen – er
wollte, dass du geboren wirst. Er hat dich vom Tag deiner Entstehung
an begleitet und er hat dich „wunderbar und einzigartig" gemacht, wie
es in den Psalmworten heißt. Es gibt in der Bibel noch einen anderen
tollen Satz. Lies mal:

*Der Herr, dein starker Gott, der Retter,
ist bei dir. Begeistert freut er sich an dir.
Vor Liebe ist er sprachlos ergriffen und
jauchzt doch mit lauten Jubelrufen
über dich.*

Zefanja 3,17; NL

Lass dir diesen Satz mal richtig durch den Kopf gehen – Gott jubelt über dich! Er ist begeistert von dir!

Schöner, reicher, beliebter ... Vergleiche mit anderen

Wir Menschen neigen dazu, uns mit anderen zu vergleichen. Wer ist erfolgreicher, wer ist schöner, wer kann sich mehr leisten? Das hängt mit unserem Drang, alles und jeden zu bewerten, zusammen.

Max Lucado macht das in einer Geschichte sehr deutlich. Er erzählt von einem Volk von Holzpuppen, den Wemmicks. Die Wemmicks stecken einander ständig Aufkleber an – Sterne als Zeichen der Anerkennung und graue Punkte als Zeichen der Ablehnung. Es gibt einige Wemmiks, die total beliebt sind, vieles gut können und ganz viele Sterne haben. Und dann gibt es die Verlierer – die, die keine Anerkennung bekommen, sondern viele graue Punkte. Punchinello ist einer von diesen Verlierern, und er leidet sehr darunter, dass er im Vergleich mit den anderen so schlecht abschneidet.

Doch eines Tages begegnet ihm das Holzpuppen-Mädchen Lucia, das seltsamerweise weder Sterne noch Punkte hat! Die anderen versuchen immer wieder, ihr Sterne und Punkte anzukleben, doch die Aufkleber fallen einfach immer wieder herunter. Punchinello will unbedingt wissen, warum das so ist – doch Lucia schickt ihn, statt ihm eine Antwort zu geben, zu Eli, dem Holzschnitzer.

Punchinello muss all seinen Mut zusammennehmen, um wirklich zu Eli zu gehen. Doch was er dort erlebt, verändert sein ganzes Leben.

„Jeden Tag habe ich gehofft, dass du kommst", lässt Eli Punchinello wissen. Eli kritisiert ihn nicht für seine vielen grauen Punkte. Im Gegenteil: Ihn interessieren weder Sterne noch Punkte. Und er sagt Punchinello, dass ihn all das ebenso wenig interessieren sollte. Eli erklärt Punchinello, dass er ihn geschaffen hat – so, wie er ist, und dass Punchinello deshalb einmalig und wertvoll ist.

„Ich bin gekommen, weil ich jemanden getroffen habe, der keinen Aufkleber hat", sagte Punchinello.

„Ich weiß. Sie hat mir schon von dir erzählt."

„Warum bleiben die Aufkleber an ihr nicht haften?"

Der Holzschnitzer sprach ganz sanft: „Weil sie beschlossen hat, dass es wichtiger ist, was ich denke, als das, was die anderen denken. Die Aufkleber haften nur, wenn du es zulässt."

„Was?"

„Die Aufkleber haften nur, wenn sie für dich wichtig sind. Je mehr du meiner Liebe vertraust, desto weniger bedeuten dir die Aufkleber der anderen."

„Ich glaube nicht, dass ich das verstehe."

Eli lächelte. „Das kommt noch. Das dauert ein bisschen. Du hast viele Aufkleber. Komm einfach jeden Tag zu mir, damit ich dich daran erinnern kann, wie wichtig du mir bist."

Eli hob Punchinello von seinem Arbeitstisch und stellte ihn auf den Boden. „Denke daran", sagte Eli, als der Wemmick durch die Tür ging, „du bist einmalig, weil ich dich gemacht habe. Und ich mache keine Fehler."

Punchinello blieb nicht stehen, aber in seinem Herzen dachte er: Ich glaube, er meint es ernst. Und als er das dachte, fiel ein Aufkleber auf den Boden.

Aus: Max Lucado: Du bist einmalig[9]

Die Geschichte von Punchinello hat zwei wichtige Botschaften: Erstens: Du bist wertvoll und einmalig – genau so, wie du bist! Zweitens: Was andere über dich sagen, ist nicht wichtig. Wir Menschen sollten endlich aufhören, einander zu beurteilen. Und wir sollten aufhören, uns mit anderen zu vergleichen und uns von ihrem Urteil abhängig zu machen. Die anderen sind nicht mehr und nicht weniger wert als du! Und kein anderer Mensch hat das Recht, dich zu bewerten.

Es ist nicht einfach, das ständige Vergleichen sein zu lassen. Aber du kannst es lernen. Schreibe dir zum Beispiel für deinen Schreibtisch kleine Notizzettel mit Wahrheiten wie:

„Ich bin wertvoll!"
„Ich bin schön!"

Du musst diese Wahrheiten noch nicht glauben können. Doch je öfter du sie liest und dir innerlich zusprichst, desto leichter wird es dir fallen, sie anzunehmen.

Sehnsucht nach mehr

Christen glauben, dass Gott den Menschen mit einer tieferen inneren Sehnsucht geschaffen hat. Einer Sehnsucht, die uns antreibt, nach dem Lebenssinn zu fragen, einander ehrlich zu begegnen und Gott zu suchen – jeder auf seine Weise.

Diese Sehnsucht erzeugt in unserem Herzen so etwas wie ein „Loch", das nur gefüllt werden kann, wenn wir eine Beziehung zu dem aufbauen, der uns geschaffen und schon immer geliebt hat: Gott. Natürlich kann man auch versuchen, dieses Loch anders zu füllen – mit Spaß, Partys, Sport, Geld, Schönheit und Anerkennung, guten Leistungen, Freunden, einer Liebesbeziehung... Auch mit Essen versuchen viele Menschen, das Sehnsuchtsloch in ihnen drin zu stopfen: Schokolade gegen Frust und Traurigkeit, Chips und Cola gegen die schlechte Laune. Für kurze Zeit scheinen diese Maßnahmen oft auch zu funktionieren, man fühlt sich besser oder man ist zumindest abgelenkt und hat Spaß. Aber früher oder später merkt man, dass doch etwas fehlt. Weder der krasseste Luxus noch der größte Spaß noch die liebevollste Familie kann den Teil in uns füllen, der sich nach einer Beziehung zu dem sehnt, der uns geschaffen hat.

Gott hat sich dich ausgedacht und sehnt sich danach, mit dir in Kontakt zu treten! Aber vielleicht fragst du dich ja gerade: Gibt es diesen Gott überhaupt? Denn schließlich kann ich Gott nicht sehen – und vieles, was in seinem Namen gemacht wurde, war ziemlicher Bullshit, zum Beispiel die Kriege, die im Mittelalter in seinem Namen geführt wurden! Außerdem erklärt die Naturwissenschaft unsere Welt doch inzwischen problemlos ohne Gott, oder? Und überhaupt, bei all dem Leid in der Welt – kann man da überhaupt an einen Gott glauben?

Glaube – nur etwas für naive Menschen?

Es stimmt, die Naturwissenschaft kann inzwischen sehr vieles erklären. Allerdings – was vor dem sogenannten Urknall war, das können auch die besten Forscher nicht erklären. Es mag einen großen Knall gegeben haben – aber wie genau und woraus ist dieser entstanden? Es gibt Fragen, da kommen wir mit Wissenschaft nicht weiter.

*„Ich war schon oft draußen im Weltraum",
protzte der Kosmonaut, „aber ich habe
weder Gott noch Engel gesehen."
„Und ich habe schon viele kluge Gehirne
operiert", antwortete der Gehirnforscher,
„aber ich habe nirgendwo auch nur einen
einzigen Gedanken entdeckt."
– Jostein Gaarder*

Es gibt also Dinge, die man nicht sehen kann – und die man auch mit wissenschaftlichen Methoden nicht oder nur ansatzweise erforschen kann. Existieren diese Dinge deshalb nur in unserer Fantasie? Sachen wie unsere Gedanken oder die menschliche Seele kann man weder sehen noch anfassen – heißt das, dass es sie gar nicht gibt? Andererseits gibt es Dinge, die sehr gut erforschbar sind – zum Beispiel die Bibel –, und trotzdem halten sie viele Menschen für ein Märchenbuch aus einer alten Zeit. Aber die Bibel ist extrem gut überliefert, obwohl sie schon mehrere Tausend Jahre alt ist: Man hat von vielen Teilen der Bibel sehr, sehr alte Versionen gefunden, die man dann mit unserer heutigen Bibel verglichen hat – und siehe da, es gibt erstaunlich wenige Fehler – viel, viel weniger als in anderen alten, historischen Büchern, denen Geschichtswissenschaftler problemlos Glauben schenken!
Viele Menschen halten die Aussagen der Bibel für unwahr. Zum Beispiel haben sie ein Problem mit der Behauptung, Jesus sei von den

Toten auferstanden. Sie meinen, dass ein solches Wunder nicht in unser heutiges wissenschaftliches, aufgeklärtes Weltbild passt. Tatsächlich ist die Aussage, dass jemand gestorben, dann aber wieder lebendig geworden ist, ziemlich ungeheuerlich. Aber es gibt deutliche Hinweise dafür, dass dieses Ereignis tatsächlich passiert ist. Dr. Simon Greenleaf, ein berühmter Professor für Jura an der Harvard-Universität, untersuchte all die Beweise für die Auferstehung Jesu Christi. Und er kam zu folgendem Ergebnis:

> *Nach den Gesetzen der Beweisführung,*
> *wie sie vor Gericht angewandt werden,*
> *gibt es mehr Beweise für die historische*
> *Tatsache der Auferstehung Jesu Christi*
> *als für jedes andere Ereignis in der*
> *Geschichte.*[10]

Und von dem Engländer John Singleton Copley, der unter anderem Kronanwalt von Großbritannien und Großhofmeister der Universität Cambridge war, stammt folgendes Zitat:

> *Ich weiß sehr gut, was ein Beweis*
> *ist; und ich versichere Ihnen, eine*
> *solche Beweisführung wie die für*
> *die Auferstehung ist noch niemals*
> *zusammengebrochen.*[11]

Und das sagt einer, der die höchsten Ämter innehatte, die ein Richter in Großbritannien jemals auf sich vereinen konnte!

Buch- und Film-Tipp: Der Fall Jesus

Mein persönlicher Tipp: Lies mal das Buch „Der Fall Jesus für Teens" oder zieh dir den Film „Der Fall Jesus" rein. Das ist die wahre Geschichte des Journalisten Lee Strobel. Als seine Frau anfing, an Jesus zu glauben, wollte er unbedingt beweisen, dass der christliche Glaube totaler Unsinn ist. Er ist an die Berichte über Jesus herangegangen wie an einen Kriminalfall – und hat Beweise und Gegenargumente zusammengetragen und verglichen. Ziemlich spannend! Letztlich kommt auch er zu dem Schluss, dass extrem viel dafür spricht, dass Jesus Christus wirklich gelebt hat, gekreuzigt wurde und von den Toten auferstanden ist.

Den Verstand ausschalten muss man also definitiv nicht, um glauben zu können. Wenn man anfängt, sich mit der modernen Wissenschaft zu befassen, kann man den Eindruck bekommen, Gott sei gar nicht mehr nötig, oder der Glaube an Gott sei total unlogisch und nur was für kleine Kinder. Doch wenn man tiefer geht, stellt man schnell fest, dass die Wissenschaft viele Fragen offen lässt. Und dass es viele berühmte Wissenschaftler wie Isaac Newton und Max Planck gibt, die bekennende Christen waren!

> *Der erste Trunk aus dem Becher der*
> *Naturwissenschaft macht atheistisch,*
> *aber auf dem Grund des Bechers wartet Gott.*
> *– Werner Heisenberg (1901–1976),*
> *deutscher Physiker*

Das Leid in der Welt

Viele Menschen sagen, dass sie nicht an einen Gott glauben können, weil es so viel Leid auf dieser Welt gibt. „Wenn es einen Gott gäbe", sagen sie, „würde es nicht so viel Schmerz und Elend geben."

Warum lässt Gott das zu? Das ist tatsächlich eine der schwierigsten Fragen überhaupt.

Viele Christen sehen es so: Gott hat uns einen freien Willen geschenkt. Er wollte uns nicht zu Marionetten machen, die nur das tun, was er will. Und deshalb hat jeder Mensch die Freiheit, auch schlechte Entscheidungen zu treffen – zum Beispiel betrügen, betrunken Auto fahren, einen Anschlag verüben... Wenn Gott das verhindern wollte, müsste er unseren freien Willen einschränken. Und dann wären wir keine eigenständigen Wesen mehr.

Diese Erklärung ist hilfreich, und doch reicht sie nicht ganz aus. Es bleiben immer noch viele Fragen, zum Beispiel: Was ist mit Naturkatastrophen, an denen Menschen keine Schuld tragen?

Es gibt Leute, die glauben, dass Gott möglicherweise das Böse gar nicht verhindern kann. „Aber Gott ist doch allmächtig!?", werden da die meisten Christen erwidern.

Der Autor des Buches „Wenn guten Menschen Böses widerfährt", Harold Kushner, hat da eine interessante Erklärung: Er schreibt, dass das Wort, das in der Bibel für „Allmacht" steht, „extrem mächtig" bedeutet, aber nicht unbedingt heißt, dass Gott absolut alles sofort tun beziehungsweise verhindern kann. Jesus selbst zum Beispiel konnte in seiner Heimat, wo viele ihn ablehnten, nicht viele Wunder tun (nachzulesen in Markus 6,1–6). Es gibt also möglicherweise Grenzen, die Gottes Handeln einschränken – zum Beispiel der Unglaube, wie es bei Jesus in seiner Heimatstadt der Fall war.

Die Vorstellung, dass Gott das Leid (noch) nicht verhindern kann, ist, wie gesagt, nur eine Überlegung. Man muss ihr nicht zustimmen, aber sie könnte einiges erklären. Und sie zeigt: Auch der Verstand von uns Menschen ist begrenzt. Gott ist so viel größer als wir. Manchmal müssen wir akzeptieren, dass wir einige Fragen (noch) nicht beantworten können.

In den letzten Sätzen kam oft das Wörtchen „noch" vor. Das ist ein wichtiger Einschub: Denn selbst wenn Gott das Leid jetzt nicht verhindern kann: Eines Tages wird er alles Böse und Schlechte in dieser Welt besiegen.

*Jede Träne wird er von ihren Augen
wischen. Es wird keinen Tod mehr geben
und auch keine Traurigkeit, keine Klage,
keinen Schmerz. Was früher war, ist für
immer vorbei.*
– Offenbarung 21,4; NeÜ

*Jesus sagte: „Jetzt seid ihr voll Angst und
Trauer. Aber ich werde euch wiedersehen.
Dann wird euer Herz voll Freude sein, und
diese Freude kann euch niemand nehmen.
Wenn dieser Tag kommt, werdet ihr mich
nichts mehr fragen."*
– Johannes 16,22–23; GN

Das kann uns Hoffnung machen, dass wir, wenn wir eines Tages vor
Jesus stehen, alles verstehen werden, was uns jetzt so unbegreiflich
erscheint.

Das zu glauben ist natürlich nicht immer einfach. Vielleicht fühlt es
sich für dich so an, als könntest du das nicht glauben, auch wenn du
es gern glauben würdest. Lass dich von diesen Zweifeln nicht stres-
sen. Jesus hat gesagt, dass schon ein Glaube, der so klein ist wie ein
Senfkorn, Berge versetzen kann. Rede mit Gott offen über deine Zweifel. Auch dann, wenn du dir gar nicht sicher bist, ob er dich hört. Ziehe
dich in dein Zimmer zurück und rede einfach drauflos. Oder schreibe
auf, was dir in den Kopf kommt. Wenn du auch nur ein bisschen neugierig bist auf diesen Jesus – dann sage ihm, dass du ihn gern erleben
würdest, und bitte ihn, dir zu begegnen. Sei offen und halte Ausschau
nach Menschen, die Gott kennen und die dir vielleicht bei einigen Fragen weiterhelfen können. Gott verspricht: „Wenn ihr mich sucht, werdet ihr mich finden" (Jeremia 29,13). Wenn du also bereit bist, auf
Entdeckungsreise zu gehen und Gott auch nur eine kleine Chance zu
geben, dir zu zeigen, wer er ist... dann musst du keine Angst haben,
ihn zu verpassen!

Klagen erlaubt!

Wenn Schlimmes passiert, dann scheinen manche Menschen zu denken, dass sie nun unbedingt tapfer sein müssen. Und gläubige Menschen versuchen manchmal vorschnell, sich irgendwelche Erklärungen aus den Fingern zu saugen, warum das Leid bestimmt doch etwas Gutes hat, auch wenn wir es noch nicht sehen. Ganz klar: Solche Erklärungsversuche nerven, wenn man selbst grad mittendrin steckt!

Sicherlich kann es passieren, dass man im Nachhinein auf ein schlimmes Erlebnis zurückblickt und sieht, dass doch etwas Gutes daraus entstanden ist. Auch die Bibel spricht davon, dass Gott selbst Schlechtes dazu gebrauchen kann, um etwas richtig Gutes daraus zu machen. Aber so etwas sieht man oft erst im Nachhinein.

Natürlich, auch dann, wenn man mitten in der Sch... steckt, kann diese Hoffnung uns trösten. Aber ebenso wichtig ist etwas, das wir oft vernachlässigen: das Klagen. Es ist für unsere Seele sehr wichtig, dass wir die ganze Traurigkeit, die heftige Wut einfach herauslassen. Weinen, Schreien, richtig wütend in ein Kissen schlagen, rennen, bis man nicht mehr kann, jammern... all das ist erlaubt und kann sehr heilsam sein. Gott erwartet nicht, dass wir Menschen immer nur brav „Danke!" sagen.

Die Bibel erzählt von Hiob, einem Mann, der unglaublich viel Pech hatte. Er war ein sehr gläubiger und sehr reicher Mann. Doch eines Tages verlor er alles, was er hatte – sogar seine Kinder. Hat er Gott etwa dafür gedankt? Tatsächlich hat er es versucht: „Der Herr hat's gegeben, der Herr hat's genommen, gelobt sei der Name des Herrn!", sagte er zu seiner Frau (Hiob 1,21; LU). Aber das hat er nicht durchgehalten, weil er merkte, dass da ziemlich viel Wut und Trauer in ihm war – und all das hat er dann ganz ehrlich Gott entgegengeschrien. Er hat Gott wissen lassen, wie beschissen und unfair er das alles findet. Hiobs Freunde versuchten immer wieder, ihn davon abzubringen, ihn zum Schweigen zu bringen... Aber Gott konnte wunderbar damit leben, dass Hiob ehrlich zu ihm war. Er wies Hiobs Freunde sogar zurecht – im Sinne von „Einfach mal die Klappe halten!"

Gott hält es aus, wenn wir klagen. Er wünscht sich sogar, dass wir ehrlich zu ihm sind, und ihn wissen lassen, wenn alles gerade total mies läuft. Deshalb – wenn du Schlimmes durchmachst, dann gönn dir Zeit zum Klagen. Weine oder schreie. Schreibe Tagebuch; schreib auf, was dir durch den Kopf geht. Schütte dein Herz im Gebet vor Gott aus. Suche dir Leute, vor denen du dir einiges von der Seele reden kannst. Wenn du dich noch niemandem persönlich anvertrauen magst, kann die Telefonseelsorge ein guter erster Schritt sein. (Kontaktadressen findest du am Ende des Buches).

Und wenn du Leute kennst, die gerade richtig viel Mist erleben, dann versuche, ihnen einfach zuzuhören. Sage ihnen, dass sie sich nicht ständig zusammenreißen müssen. Man muss nicht immer gleich einen Trost oder Erklärungen parat haben. Manchmal ist es besser zu sagen: „Das ist unbeschreiblich schlimm. Ich leide mir dir." Punkt.

Packen wir es an!

Und, auch ganz wichtig: Es sind wir Menschen, durch die Gott Gutes tun will und durch die er diese Welt heilen will. Er hat uns einen Verstand gegeben, mit dem wir kapieren können, was geändert werden muss. Und einen Körper, mit dem wir an diesen Veränderungen arbeiten können. In der Bibel werden wir immer wieder aufgefordert, uns für Gerechtigkeit einzusetzen, Traurige zu trösten, Armen zu helfen. Es ist somit auch unsere Verantwortung, dazu beizutragen, dass das Gute in dieser Welt stärker wird.

Sei du selbst die Veränderung, die du
dir wünschst für diese Welt.
– Mahatma Gandhi

Du kannst damit im Kleinen anfangen – jemandem zulächeln; nicht mitmachen, wenn ein Mitschüler ausgegrenzt wird, sondern nett zu ihm sein; auf Umweltschutz achten; einen kranken Menschen besuchen; jemandem eine nette Karte schicken ...

All diese kleinen Taten sind unbeschreiblich gut und wichtig! Und je mehr Menschen sie tun, desto stärker wird die Macht der Liebe.

Eine weitere Möglichkeit, wie du selbst etwas gegen das Leid in der Welt tun kannst, ist, dich ehrenamtlich zu engagieren. Hier ein paar Ideen:

→ DRK/Johanniter oder ähnliche Vereine (lernen, wie man Erste Hilfe leistet)
→ Kirchengemeinde (z. B. Angebote für Kinder organisieren)
→ Naturschutzbund, Greenpeace
→ Die Tafel (Essen an arme Menschen ausgeben)
→ Tierheim (Tiere ausführen und pflegen)
→ Seniorenheim (einsame alte Menschen besuchen und z. B. etwas vorlesen oder Spiele spielen)
→ Freiwillige Feuerwehr

Schaue, was dir liegt, wofür und für wen du ein Herz hast – und für wen du dich einsetzen willst: für Kinder, für Arme, für alte Menschen, für Tiere … Vielleicht findest du durch deine Tätigkeit so ganz nebenbei auch heraus, in welchen Bereichen deine Stärken liegen. Es wäre doch toll, wenn du beispielsweise entdeckst, dass du ein Organisationstalent bist, anderen supergut zuhören kannst oder du es technisch voll drauf hast.

ALKOHOL, DROGEN UND CO UND DER UMGANG MIT MEDIEN

Alkohol und Drogen – (k)ein Problem?

Liebes Tagebuch,

morgen bin ich auf Caros Geburtstag eingeladen. Einerseits freue ich mich voll, andererseits habe ich Schiss. Ich weiß einfach nicht, was ich tun soll, wenn die wieder Bier und Schnaps-Cola trinken wollen … und Caro hat sogar irgendetwas von Gras erzählt. Also, kiffen will ich auf gar keinen Fall. Ein Mädchen aus unserer Schule musste neulich in die Psychiatrie, weil es vom Kiffen so eine Psychose bekommen hat. Das Mädel ist jetzt, nach drei Monaten, immer noch nicht wieder da, und man weiß nicht, ob sie überhaupt wieder ganz klar im Kopf wird. Und wenn ich mir die Typen an unserer Schule ansehe, die fast täglich kiffen … die wirken total benebelt und können sich zu nichts mehr motivieren. Man kann ja auch so Horrortrips kriegen, auch schon beim ersten Mal …

Aber wenn ich den Joint einfach weitergebe und dann nicht mal bei den Saufspielen mitmache, dann werden die anderen das doch bestimmt voll seltsam finden! So, als wenn ich voll langweilig und spießig wäre. Ich bin eh schon nicht das beliebteste Mädchen. Also, ich werde nicht gemobbt oder so, aber ich bin auch nicht so richtig mittendrin. Und ich hab einfach Angst, dass ich noch mehr zur Außenseiterin werde, wenn ich jetzt ständig bei irgendwelchen Sachen nicht mitmache.

Mit meinen Eltern kann ich darüber auch nicht reden, weil die eh der Meinung sind, dass ich noch gar keinen Alkohol trinken soll. Und wenn die merken, wie unsicher ich bin, verbieten die mir die Party noch ganz. Mann, warum muss das alles immer so kompliziert sein?

Leonie

Früher oder später stehst du vor der Entscheidung, wie du mit Alkohol und Drogen umgehst. Viele Menschen genießen Alkohol in Maßen, indem sie ab und zu ein bis zwei Bier oder ein Glas Wein trinken oder mit Sekt anstoßen. Doch auf Partys wird oft übertrieben, und hier empfehle ich dir, vorsichtig zu sein. Erstens gibt es gesetzliche Vorgaben, ab wann Alkohol erlaubt ist. Unter 14 Jahren ist Alkohol gesetzlich absolut tabu. Bier, Wein und Sekt sind offiziell ab 16 Jahren erlaubt oder im Beisein der Eltern ab 14 Jahren. Hochprozentige Getränke wie Schnaps und Likör, aber auch Alkopops sind erst ab 18 Jahren zulässig.

Zweitens – und das ist noch viel wichtiger – solltest du darauf achten, was dir guttut. Zu viel Alkohol kann dazu führen, dass du die Kontrolle über dich verlierst und Dinge machst, die dir später peinlich sind oder sogar großen Schaden anrichten können. Saufen schadet außerdem deiner Gehirnentwicklung – macht also, einfach gesagt, dumm. Schon in der Bibel steht die Warnung, sich nicht mit Alkohol zu berauschen. Es geht also darum, zum einen bestimmte Regeln ernst zu nehmen und auch mit deinen Eltern zu besprechen, und gleichzeitig selbst ein gutes Maß zu finden, sodass du sich selbst im Griff hast.

Wichtig ist es auch, auf Partys oder in Discos stets auf dein Getränk aufzupassen, damit niemand dir sogenannte „K.-o.-Tropfen" oder Drogen hineinmischen kann.

Apropos Drogen: Fang mit dem Mist bitte gar nicht erst an! Du weißt sicher, dass Drogen wie Ecstasy, Crystal Meth, Kokain, Heroin etc. extrem schnell abhängig machen. Dazu reicht schon ein einziges Mal! Drogen machen den Körper extrem kaputt und zerstören das ganze Leben, weil du abhängig von einem Stoff wirst, der dich krank macht.

Doch auch Kiffen ist nicht so harmlos, wie oft behauptet wird. Inzwischen weiß man, dass Cannabis nicht nur psychisch abhängig macht, sondern dass es auch körperliche Entzugserscheinungen gibt. Jugendliche, die kiffen, schaden ihrer Gehirnentwicklung. Wichtige Prozesse, die in der Pubertät im Gehirn stattfinden, funktionieren so nicht – und können später nicht mehr nachgeholt werden.

Außerdem besteht die Gefahr, dass du durch das Kiffen eine Psychose bekommst – eine schwere psychische Störung, die in vielen Fällen nicht heilbar ist.

Und Zigaretten? Glücklicherweise rauchen immer weniger Jugendliche. Rauchen ist quasi „out". Trotzdem kann es natürlich passieren, dass du Freunde hast, die den Glimmstängel lieben und dich dazu überreden wollen. Man sollte sich klarmachen, dass auch Nikotin eine Droge ist, die abhängig macht und dem Körper massiv schadet. Gelbe Zähne, fahle Haut, ein deutlich höheres Krebsrisiko ... wusstest du, dass 90 Prozent aller Fälle von Lungenkrebs durch Rauchen verursacht wurden?

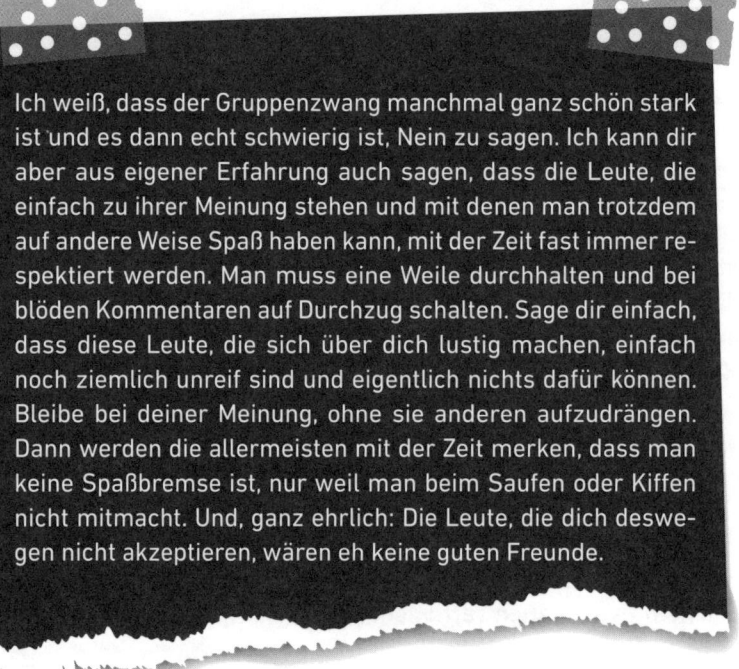

Ich weiß, dass der Gruppenzwang manchmal ganz schön stark ist und es dann echt schwierig ist, Nein zu sagen. Ich kann dir aber aus eigener Erfahrung auch sagen, dass die Leute, die einfach zu ihrer Meinung stehen und mit denen man trotzdem auf andere Weise Spaß haben kann, mit der Zeit fast immer respektiert werden. Man muss eine Weile durchhalten und bei blöden Kommentaren auf Durchzug schalten. Sage dir einfach, dass diese Leute, die sich über dich lustig machen, einfach noch ziemlich unreif sind und eigentlich nichts dafür können. Bleibe bei deiner Meinung, ohne sie anderen aufzudrängen. Dann werden die allermeisten mit der Zeit merken, dass man keine Spaßbremse ist, nur weil man beim Saufen oder Kiffen nicht mitmacht. Und, ganz ehrlich: Die Leute, die dich deswegen nicht akzeptieren, wären eh keine guten Freunde.

Einen guten Umgang mit Internet, Social Media & Co finden

Kommunizierst du mit deinen Freunden auch viel über WhatsApp und andere soziale Medien? Es ist schon eine tolle Sache, auf diese Weise fast immer und überall mit anderen verbunden sein zu können. Aber wie alles Tolle im Leben hat jede Sache auch seine Schattenseiten. Es kann nämlich schnell passieren, dass soziale Medien eine zu große Bedeutung für uns bekommen, weil wir über das Smartphone ja jederzeit auf alle Informationen zugreifen können. Oder dass wir uns damit von unangenehmen Sachen ablenken wollen. Oder vom Smartphone nicht mehr loskommen.

Medienprofis empfehlen Jugendlichen, nicht mehr als ein bis anderthalb Stunden vor dem Bildschirm zu verbringen. Nimm dir doch mal diesen ungefähren Richtwert, und schau mal auf die Uhr, wie lange du mit deinem Smartphone, am Computer oder vor dem Fernseher verbringst. Vielleicht bist du überrascht darüber, wie viel Zeit fürs Chatten, Musikvideos- und Filmegucken oder Spielen draufgeht!

Mach dir bewusst, dass das Internet nicht das echte Leben ist. Ja, man kann sich mit seinen Freunden und Bekannten mittels Chatten total verbunden fühlen – aber das ist nicht dasselbe, wie sie in der Realität zu treffen. Das wahre Leben findet live statt! Daher versuche darauf zu achten, dass du es nicht zugunsten der virtuellen Welt vernachlässigst. Wenn du merkst, dass du sehr viele Stunden vor dem Bildschirm sitzt und/oder es dir echt schwerfällt, deinen Medienkonsum zu reduzieren, könntest du schon auf dem Weg in eine Sucht sein. Streaming-Anbieter im Internet verführen oft zu „Binge-Watching" – man guckt dann eine Folge nach der anderen. Das mag mal okay sein, wenn man gerade ein paar Tage frei hat oder mit einem gebrochenen Bein zu Hause auf der Couch liegt, aber auf Dauer ist das ziemlich ungesund. Denn schnell wird man abhängig davon, und das eigene Leben fühlt sich immer „leerer" und „langweiliger" an.

Frage dich selbst ehrlich, ob du deinen Medienkonsum noch im Griff hast oder das Smartphone (bzw. die Serie, das Spiel) *dich* im Griff hat. Wenn du merkst, dass du nicht mehr so einfach davon loskommst, dann schau mal auf Seite 139 f. Dort findest du Tipps zum Umgang mit eigenem zwanghaften Verhalten.

→ Achte auf die Sicherheitseinstellungen in sozialen Netzwerken, sodass nicht jeder deine Fotos oder Videos sehen kann.

→ Überlege genau, wem du wo deine Adresse, deine Telefonnummer und deine E-Mail-Adresse mitteilst.

→ Ganz wichtig: triff dich niemals allein oder nur zu zweit mit Leuten, die du nur aus dem Internet kennst! Es gibt nämlich fiese Betrüger und Perverse, die einen echt gut täuschen und die richtig gefährlich sein können.

Und noch etwas: Geh auch im Internet respektvoll mit anderen um. Manchmal vergisst man, dass „am anderen Ende" auch ein lebendiger, verletzlicher Mensch sitzt – deshalb sollte man vorsichtig sein mit dem, was man so schreibt.

Gewalt & Co in den Medien

Es betrifft meist eher die Jungs, aber auch manche Mädels zocken gern. Und da stellt sich schon mal die Frage, wie man mit Gewalt in Computerspielen (aber auch in Filmen, Serien etc.) umgeht. Hier möchte ich dir ein paar Impulse geben, die dir weiterhelfen können:

→ Oft gibt es von Spielen unterschiedliche Versionen, wobei die deutschen Versionen meist weniger Gewalt beinhalten.

→ Wenn du Medien nutzt, fütterst du automatisch dein Gehirn damit. Auch wenn du meinst, dass du selbst nie

so etwas tun würdest – wenn man sich ständig Gewalt-
szenen anschaut, stumpft man früher oder später ab. Im Talmud, einem der wichtigsten Bücher im Juden-
tum, gibt es einen Spruch:

Achte auf deine Gedanken,
denn sie werden deine Worte.
Achte auf deine Worte,
denn sie werden deine Taten.
Achte auf deine Taten,
denn sie werden deine Gewohnheiten.
Achte auf deine Gewohnheiten,
denn sie werden dein Charakter.
Achte auf deinen Charakter,
denn er wird dein Schicksal.

→ Auch wenn du selbst Gewalt klar ablehnst: Wenn du
gewaltverherrlichende Medien kaufst/nutzt, unterstützt du die Industrie, die diese Medien herstellt.
Damit trägst du mit dazu bei, dass diese Inhalte in die
Hände von Leuten gelangen, die möglicherweise nicht
so gut zwischen Medienwelt und Realität unterscheiden können.

→ Eine gute Grundregel kann sein: Dinge, die moralisch
falsch sind, die du im wahren Leben nicht tun würdest,
die solltest du auch nicht in einem Computerspiel tun.
Beispiele sind Rollen wie Auftragsmörder, Zuhälter etc.

→ Überprüfe immer wieder selbst, was die Medien mit
dir machen. Wie fühlst du dich, während du sie nutzt
und wie fühlst du dich danach? Bemerkst du Veränderungen an deiner Stimmung, an deinem Verhalten, an
deinen Einstellungen? Hör bei der Frage, ob bestimmte
Medien dir guttun oder dich auf Dauer eher runterziehen, auch auf dein Bauchgefühl.

→ Wie bei allen Fragen des Lebens ist das Gebet auch
beim Thema „Mediennutzung" eine gute Sache. Frage

Gott, was er von den Sachen hält, die du so nutzt. Überlege dir, ob die Inhalte der Medien, die du dir anschaust, zu deinem Glauben bzw. deinen Werten passen.

Wenn die Sehnsucht zur Sucht wird

Auf S. 72 f. wurde das Thema schon mal angeschnitten; an dieser Stelle möchte ich aber noch einmal konkreter darauf eingehen, wie du damit umgehen kannst, wenn du merkst, dass du von einer bestimmten Sache nicht mehr loskommst – sei es das Smartphone, Internet, Alkohol, Drogen oder Gedanken an Sex. Im Grunde kann alles zu einer Sucht werden. Auch ein bestimmtes Bestreben wie der Wille, perfekt oder erfolgreich zu sein – oder das Verlangen, abzunehmen. Letzteres ist eine ganz gefährliche Sache, weil sich aus dem Gedanken „Ich bin zu dick" schnell eine Abwärtsspirale hinein in eine Essstörung wie Magersucht oder Bulimie entwickeln kann. Eine Essstörung kann, wenn sie nicht behandelt wird, schnell lebensgefährlich werden. Jede Sucht ist eine ernste Sache, auch wenn es zunächst harmlos aussieht. Sei ehrlich zu dir selbst. Beschönige das Problem nicht, sondern sage dir selbst: „Ja, ich bin süchtig. Ja, ich habe ein Problem und gestehe mir das ein."
Folgende Tipps können dir helfen, aus deinem zwanghaften Verhalten herauszufinden:

→ Wenn du einen Zugang zum Glauben hast, dann bete. Wenn du noch nie gebetet hast, dann versuche es doch einfach mal – zieh dich zurück und rede mit Gott einfach so, wie es dir gerade in den Sinn kommt. Du kannst Gott auch einen Brief schreiben. Mach dir keine Gedanken über deine Worte – Gott versteht dich, weil er sogar deine Gedanken kennt.

139

→ Bekenne Gott, dass du eine Sucht entwickelt hast und bitte ihn um Vergebung. Bitte ihn, dich von der Abhängigkeit zu befreien und dich mit seinem Frieden und seiner Freude zu erfüllen. Manchmal passieren Wunder – meist muss man aber oft und ausdauernd beten, um die Macht der Sucht immer weiter zu schwächen und stattdessen Gottes Freiheit immer mehr zu erleben.

→ Frage dich, welche Sehnsucht hinter der Sucht steht. Was fehlt dir in deinem Leben – zum Beispiel Genuss, Entspannung, Spaß, ein tieferer Sinn? Überlege, wie du diese Bedürfnisse auf gesunde Weise erfüllen kannst, zum Beispiel:

● neue Teesorten ausprobieren und in Ruhe trinken
● Musik aufmerksam hören und es dir dabei gemütlich machen, beispielsweise mit einer kuscheligen Decke
● regelmäßig in die Bücherei gehen und es sich beim Lesen gemütlich machen
● kochen oder backen lernen und das Essen ganz bewusst genießen
● Badezusätze kaufen und ein Entspannungsbad nehmen
● eine neue Sportart lernen oder einfach mehr Sport machen – Bewegung entspannt und fördert die Ausschüttung von Glückshormonen
● in einem Kurs oder über YouTube oder als Hörbuch eine Entspannungsmethode wie Autogenes Training oder Progressive Muskelentspannung lernen
● überlegen, ob du dich irgendwo ehrenamtlich engagieren könntest
● über ein neues Hobby nachdenken

→ Mache dir eine Tabelle mit Pro- und Kontra-Argumenten: Was spricht dafür, die Sucht zu behalten (z. B. Spaß, gute Gefühle) und was spricht dagegen (Gefährdung der Gesundheit, Abhängigkeit)? So führst du dir ganz bewusst vor Augen, was dich zu einer Veränderung motiviert.

→ Lege Ziele fest und sei konsequent. Nimm dir eine bestimmte Zeit vor, in der du deiner Sucht auf keinen Fall nachgeben wirst. Mach dir einen Notfallplan: Wie kannst du dich ablenken oder entspannen, wenn der Drang besonders stark wird? Oft hilft es, eine andere Person einzuweihen, die dich unterstützt und ermutigt.

→ Es tut gut, ein Tagebuch zu führen, um sich einfach alle Gefühle und Gedanken von der Seele zu schreiben.

→ Hole dir in jedem Fall Hilfe! Wenn du sie in deinem Umfeld nicht findest, dann schau in den Anhang des Buches, wo auf den Seiten 155–156 entsprechende Beratungsadressen aufgelistet sind.

Jennifer Strickland, die lange Zeit als Topmodel europaweit die Laufstege betrat und auch die Titelseiten der Zeitschriften Glamour und Vogue zierte, hatte über viele Jahre mit einer Sucht zu kämpfen: Magersucht. Sie war süchtig nach Anerkennung und Liebe – und so tat sie alles, um als Model erfolgreich zu sein – bis sie extrem abgemagert war und krank wurde. In ihrem Buch „Du bist einzigartig" schreibt sie:

Wenn wir die Wahl haben, müssen wir uns für das Leben entscheiden. Wir müssen den Weg wählen, der Erfüllung bringt, der uns zu der dauerhaften Zufriedenheit führt, nach der wir uns sehnen.

Wenn das Leben nicht so ist, wie du es dir erhofft hattest, musst du eine Entscheidung treffen. In allen Kämpfen, die wir gegen uns und unseren Körper führen, können wir immer eine Entscheidung treffen: entweder Gesundheit oder Krankheit. Du kannst Krankheit beziehungsweise ungesundes Verhalten wählen und so versuchen, deinen unstillbaren Durst zu löschen. Oder du wählst den gesunden Weg: den Weg, der dich in Richtung Zufriedenheit und Erfüllung bringt.

Manchmal ist es gut, schon vorher daran zu denken, welches Ergebnis eine Entscheidung am Ende hervorbringen wird. Stell dir das Leben am Ende der Straße der Krankheit vor. Stell dir die Endstation dieses Weges so genau wie möglich vor. Dann stell dir vor, wie das Ende des Weges aussieht, wenn du darauf achtest, was dir guttut und was dir und anderen Segen bringt. Male es dir aus, träume davon, schreib es auf. Welches Ende möchtest du? Du hast die Wahl. Wenn du Gott darum bitten musst, das Unmögliche in dir zu tun, dann bitte ihn genau darum. Tu, was immer nötig ist, damit du wieder gesund wirst.

Auf der anderen Seite wartet die Freiheit![12]

SCHULE UND BERUF

Leonies Tagebuch

Liebes Tagebuch,

die Schule kotzt mich in letzter Zeit echt an. Ich habe das Gefühl, einfach nicht mehr hinterherzukommen, und kann mich oft gar nicht richtig konzentrieren. Obwohl ich lerne, werden meine Noten immer schlechter. Und bei dem Stoff, den ich in Erdkunde oder Latein habe, frage ich mich echt, wann ich den jemals in meinem Leben brauchen werde.

Heute war eine Berufsberaterin in der Schule und das war ziemlich spannend. Wir haben so einen Test gemacht, und bei mir kam heraus, dass naturwissenschaftliche oder soziale Berufe zu mir passen würden. Stimmt schon, Chemie und Physik mache ich ziemlich gern, auf jeden Fall lieber als die sprachlichen Fächer. Und eine „soziale Ader" habe ich auch. Aber irgendwie sind das ja auch zwei ziemlich unterschiedliche Richtungen, und ich weiß echt nicht, welche davon nun besser zu mir passt ... und was ich mir überhaupt vorstellen kann. Ein Studium? Einerseits klingt das Studentenleben cool und aufregend, andererseits habe ich zurzeit wenig Lust, nach dem Abi noch mehr zu lernen. Momentan bin ich mir ja nicht mal sicher, ob ich nach der 10. Klasse überhaupt weitermachen soll.

Vielleicht wäre es auch cooler, eine Ausbildung zu machen?

Aber welche Berufe gibt es da überhaupt? Als ich mir die Liste der Berufsberaterin angesehen habe, ist mir ganz schwindelig geworden. Wie soll man bei der Auswahl bloß durchblicken? Und vor allem, wie soll man wissen, welcher Weg zu einem passt?

Leonie

Schule ist nicht alles!

Durch das Hormonchaos und die vielen Veränderungen in der Pubertät fällt es vielen Schülern schwer, sich zu konzentrieren. Besonders wenn man verliebt ist, wandern die Gedanken schnell immer wieder zu dem Jungen, der einen so durcheinanderbringt. Wer kann sich da schon noch mit voller Aufmerksamkeit mathematischen Formeln widmen?

Es ist also ziemlich normal, wenn dir das Lernen in dieser Zeit schwerer fällt. Versuche, dir feste Lernzeiten einzuplanen, in denen du dich ganz bewusst auf die Schule konzentrierst. Schreibe alle anderen Gedanken auf einen Zettel, den du dir für später weglegst. Es kann auch helfen, beim Lernen leise entspannende Musik zu hören oder, wenn dich das eher ablenkt, vor dem Lernen eine Viertelstunde entspannt Musik zu hören. Bewegung und frische Luft fördern ebenso die Konzentration.

Auch wenn dir der Lernstoff manchmal ziemlich sinnlos vorkommt – versuche, dich weiter zu motivieren, indem du Ausschau nach Inhalten hältst, die dich zumindest ein wenig interessieren. Halte dir vor Augen, dass du zwar nicht alles, was du lernst, später anwenden kannst, dass aber eine gute Allgemeinbildung trotzdem ziemlich viel wert ist, um später im Leben gut zurechtzukommen und beruflich erfolgreich zu sein. Wenn manche Inhalte für dich unwichtig erscheinen, dann sind gute Noten trotzdem ein lohnenswertes Ziel. Einfach, weil ein guter

Abschluss dir viele Chancen eröffnet und dir viel mehr Freiheit bei der Auswahl deines Berufs bietet, als wenn du die Schule mit Ach und Krach hinter dich bringst.

Außerdem trainierst du durch das Lernen von Sachen, die dir so gar nicht zusagen, Fähigkeiten wie Durchhaltevermögen und Eigenmotivation. Du übst dich darin, mit Frust und Anstrengung umzugehen – all das sind Fähigkeiten, die dir später auch in deinem Beruf weiterhelfen werden. Ein gewisser Ehrgeiz ist also gut und sinnvoll.

Auch wenn du diszipliniert lernst, und alles dafür tust, gut abzuschneiden, kann jedoch immer etwas dazwischenkommen (eine Krankheit oder ein Black-out), das dazu führt, dass du trotz allem nicht die gewünschte Leistung erbringst. Es ist daher klug, wenn du deinen Selbstwert nicht von deiner Leistung abhängig machst.

Es ist natürlich ebenso wichtig, dass du es mit dem Lernen nicht übertreibst. Wenn du dich total unter Druck setzt und dich nur noch über deine Leistung definierst, dann befindest du dich auf keinem guten Weg. Menschen mit dieser Neigung überfordern sich oft selbst, gönnen sich keine Ruhepausen und machen sich selbst das Leben zum ständigen Kampf. Das schadet auf Dauer der Gesundheit und macht unglücklich, weil man die eigene Zufriedenheit von der Leistung abhängig macht.

Tipps für erfolgreiches Lernen und gute Konzentration

→ Überlege dir, womit du anfängst (am besten mit einer Aufgabe, die dir leichtfällt oder dich interessiert) und was du danach erledigen willst. Mache dir eine Liste mit deinen Aufgaben und überlege dir, wie viel Zeit du dafür etwa einplanen willst.

→ Wenn du für Klassenarbeiten lernst, mache dir einen Plan, was du alles wiederholen und üben willst, und teile dir den Lernstoff auf mehrere Tage auf.

→ Baue regelmäßige Pausen ein, etwa alle 30–45 Minuten. Stehe dann kurz auf, schnappe frische Luft, trinke Wasser und bewege dich ein wenig. Du kannst z. B. Treppensteigen, ein paar Hampelmänner machen oder auf der Stelle laufen. Bewegung hilft, sich besser zu konzentrieren!

→ Sorge für genügend Beleuchtung an deinem Arbeitsplatz und räume alles, was dich ablenkt, weg.

→ Manchen hilft leise, ruhige Musik im Hintergrund.

→ Lerne Atemtechniken, zum Beispiel diese hier:
Lege eine Hand auf deinen Bauch und atme tief durch die Nase ein. Spüre, wie dein Bauch sich mit Luft füllt und zähle in Gedanken bis fünf. Stelle dir vor, dass du allen Stress und alle Unruhe im Bauch sammelst. Dann atme aus, zähle bis sieben und stelle dir vor, dass du allen Stress und alle Unruhe ausatmest und so loswirst.
Wiederhole diese Atemübung drei Mal.
Du kannst sie vor dem Lernen, in den Pausen und auch im Unterricht anwenden, um dich zu beruhigen oder deine Aufmerksamkeit zu verbessern. Nach ein paar Mal üben kannst du die Hand auf dem Bauch auch weglassen, wenn du unauffällig atmen willst.

→ Selbstgespräche führen:
Wenn du manchmal den roten Faden verlierst, kann es helfen, dir im Kopf zu sagen, was genau du zu tun

hast, um die Aufgabe zu lösen. Zum Beispiel: „Ich soll diese Formel lösen. Dazu schreibe ich erst alles ab… dann setze ich die Zahlen ein" usw. So strukturierst du dich selbst. Wenn du oft den Mut verlierst, kannst du dir auch ermutigende Sätze überlegen, die du dir dann innerlich zusprichst, z. B.: „Tief durchatmen, ich schaffe das!" Oder: „Niemand kann alles sofort. Ich habe schon ganz andere Dinge geschafft, die erst superschwierig waren."

→ Achte darauf, genügend zu trinken und dich gesund zu ernähren. Zucker in Getränken oder süße Lebensmittel schaden eher der Konzentration, weil sie deinen Blutzuckerspiegel durcheinanderbringen. Besser sind Gemüse, Obst, Nüsse, Cashewkerne und ähnliche gesunde Snacks.

→ Forscher haben herausgefunden, dass bestimmte Nährstoffe beim Lernen sehr hilfreich sind. Dazu gehören Omega-3-Fettsäuren, die in Seefisch wie Lachs und in Avocados, Nüssen, Leinsamen und Chiasamen enthalten sind. Zwei Portionen Seefisch pro Woche oder zwei Avocados und ein paar Nüsse/ Samen pro Woche sind super, um deine Gehirnzellen zu unterstützen. Magnesium ist ebenfalls wichtig – es ist z. B. in Bananen, Haferflocken, Himbeeren, Kiwis und Nüssen enthalten.

Was soll ich mal werden?

Spätestens wenn das erste Schülerpraktikum ansteht, denken die meisten Jugendlichen darüber nach, was sie nach der Schule machen wollen.

Und diese Entscheidung ist gar nicht so einfach, denn es gibt unglaublich viele Berufswege. Ein Praktikum ist eine tolle Möglichkeit, um in einen Beruf hineinzuschnuppern. Wenn das Schulpraktikum dir nicht so viel gebracht hat, dann schaue doch, ob du in den Ferien ein paar Wochen in ein freiwilliges Praktikum investieren kannst.

Folgende Fragen können dir bei der ersten Orientierung helfen:

→ Welche Fächer machen mir in der Schule Spaß und liegen mir?

• Diese Frage hilft, einzugrenzen, ob du dich eher für naturwissenschaftliche oder technische oder eher für sprachliche oder soziale Berufe interessierst.

→ Bin ich eher ein praktischer Mensch, der Dinge anpackt, oder arbeite ich gern mit meinem Kopf, stelle mir Dinge vor und mag die Theorie?

• Diese Einschätzung hilft dir bei der Entscheidung, ob ein Ausbildungsberuf (praxisnäher) oder ein Studium (theorielastiger) zu dir passt. Es gibt auch gute Mittelwege wie Fachhochschulen oder duale Ausbildungsgänge.

→ Gibt es ein Thema, das mich total fasziniert oder wofür ich mich gern einsetzen würde? Zum Beispiel Krankheiten, Technik, Forschung oder Literatur, Kunst, vernachlässigte Kinder ...?

→ Welche Stärken habe ich? Bin ich eher offen, kontaktfreudig, kommunikativ? Dann wäre ein reiner Bürojob vermutlich zu langweilig. Bin ich kreativ und liebe die Abwechslung? Dann sind Verwaltungsaufgaben nicht so passend – sie sind gut geeignet für Menschen, die Struktur und Ordnung lieben und kein Problem mit gleichen Abläufen haben.

Bin ich gut darin, anderen etwas zu erklären und sie

anzuleiten? Dann könnte das Lehramt spannend sein.
Oder gehe ich total darin auf, mit Kindern zu spielen
und sie im Alltag zu begleiten? Dann sollte ich mich
mal mit dem Beruf der Erzieherin befassen.

→ Wie stelle ich mir mein Leben vor? Ist es mir wichtig,
geregelte, feste Arbeitszeiten zu haben und meinen
Beruf mit Familie gut vereinbaren zu können? Das ist
mit Jobs wie Flugbegleiterin, Krankenschwester, Ret-
tungssanitäterin, Polizistin oder Managerin schwierig.
Oder möchte ich viel reisen und unterwegs sein?

Ich empfehle dir außerdem, mit Menschen, die dich gut kennen, zu
sprechen, und sie zu fragen, welche Stärken sie bei dir sehen und welche berufliche Richtung sie sich für dich vorstellen könnten.
Und, wie bei allen wichtigen Entscheidungen: Frage Gott, wo er dich
gebrauchen möchte. Frage ihn, wo du die Fähigkeiten, die er dir gegeben hat, am besten einsetzen kannst. Bitte ihn, dir einen guten Weg
zu zeigen, der zu dir passt. Danke ihm, dass er dir nahe ist und versprochen hat, dir zu helfen – und nimm dir Zeit, ihm zuzuhören. Wenn
du Gott alles gesagt hast, dann sei eine Weile einfach still, atme ruhig
und gib ihm die Gelegenheit, zu dir zu sprechen. Manchmal macht er
das direkt, zum Beispiel durch bestimmte Gedanken oder Eindrücke.
Manchmal dauert es aber auch eine Weile – und manchmal weiß man
auch nach viel Gebet noch immer nicht genau, was man tun soll. Dann
kann es durchaus sein, dass es einfach mehrere gute Wege gibt. Gott
hat uns Freiheit geschenkt, und in dieser Freiheit dürfen wir auch leben. Lass dich beraten (zum Beispiel bei einem Berufsberatungsge-
spräch im BIZ, dem Berufsinformationszentrum), hole dir im Internet
oder auch im BIZ Infos zu den verschiedenen Wegen in den Beruf, und
höre auch auf dein Bauchgefühl. Wenn du dann eine Idee hast, welche
Ausbildung oder welches Studium zu dir passen könnte, dann kannst
du zum Beispiel beten:

„Gott, ich glaube, dass der Beruf _____ der richtige für mich sein könnte. Und ich würde mich gern bei der Firma _____ oder an der Uni _____ bewerben. Ich bitte dich: Dein Wille geschehe. Wenn dieser Weg doch nicht zu mir passt, dann zeige mir das bitte, und lass mich erkennen, welche bessere Alternative es gibt. Und ansonsten schenke mir deinen Segen bei den nächsten Schritten."

So oder so ähnlich kann man beten, wenn man mutig und selbstbewusst seinen Weg geht und gleichzeitig nach Gottes Willen fragt.

Hilfe aus dem Netz

● www.berufenet.arbeitsagentur.de
Wenn du ungefähr weißt, welche Berufsfelder spannend für dich klingen, kannst du dir zeigen lassen, welche Berufe es in dem jeweiligen Bereich gibt. Du kannst hier auch direkt Berufe eingeben und dich näher über diese informieren.

● https://portal.berufe-universum.de
Auf dieser Seite kannst du ein Programm starten, das dir am Ende passende Berufsfelder und Ausbildungsberufe vorschlägt.

● www.studieren.de
Hier kannst du herausfinden, wo man was studieren kann.

● www.ruhr-uni-bochum.de/beratungstool/mein-berufsweg.htm
Hier gibt es einen Test zum Thema Berufsweg. Du brauchst da-
für etwa zwei Stunden Zeit, dafür liefert der Test dir aber genaue
Vorschläge für Studiengänge, die dich interessieren könnten.

● www.planet-beruf.de
Infos und Tipps rund um Praktika, Berufswahl, Ausbildungs-
plätze und Bewerbung findest du unter diesem Link.

Schweiz

● www.yousty.ch/de-CH/lehrstellen/berufe
Hier findest du alle Berufe in der Schweiz, bei denen du eine
Lehre absolvieren kannst. Mit der interaktiven Berufswahl
schlägt dir diese Seite anhand deiner Vorlieben, Stärken und
Schwächen individuell passende Berufe vor.

● www.berufsberatung.ch
Hier gibt es Infos zu über 2600 Berufen. Die Seite ermöglicht dir
eine detaillierte Suche nach verschiedenen Gesichtspunkten.

● https://berufskunde.com
Hier gibt es umfassende Infos zu einzelnen Berufen, zum Stu-
dium sowie zu den Möglichkeiten, wie du die Zeit zwischen
Schule und Ausbildung überbrücken kannst.

Österreich

● www.wifi.at
Eine Bildungsberatung für Jugendliche findest du unter www.
wifi.at/karriere/bildungsberatung/jugendliche%20und%20
schulen/bildungsberatung-jugendliche

● **www.studieren.at/studienberatung**
Hier findest du Beratungsstellen rund um das Thema Studieren.

Hilfe & Beratung

Wenn du zu bestimmten Themen Fragen hast oder Hilfe brauchst, findest du hier geeignete Ansprechpartner und Internetadressen. Die Angebote sind kostenlos.

→ **Allgemeine Beratung für alle Themen, die dich belasten**

Deutschland:
Telefonberatung „Nummer gegen Kummer": 111 116, Montag bis Samstag von 14–20 Uhr oder E-Mailberatung auf ❯ **www.nummer-gegenkummer.de**

Telefonseelsorge: 0800-111 0 111, täglich und rund um die Uhr erreichbar oder E-Mail- oder Chat-Beratung auf ❯ **www.telefonseel-sorge.de**

Jugendberatung online: ❯ **www.jugend.bke-beratung.de**

Beratungsstellen-Führer: ❯ **www.dajeb.de**:
Hier kannst du unter „Beratungsführer online" deine Postleitzahl eingeben und anklicken, zu welchem Thema du Beratung vor Ort suchst. Dort kannst du dich dann telefonisch oder per Mail melden und einen Termin ausmachen.

Schweiz:
Die Notrufnummer 147 von „Pro Juventute" hilft bei Fragen, Problemen und in Notsituationen weiter. Rund um die Uhr. Via Telefon, SMS, Chat, E-Mail und Webservice. ❯ **www.projuventute.ch**

Österreich:
„Nummer gegen Kummer", rund um die Uhr kostenlos erreichbar unter 0800 567 567

→ Therapeutische Hilfe
Bei manchen Themen reicht eine einmalige Beratung oder Seelsorge nicht aus, sondern man braucht über einen längeren Zeitraum psychotherapeutische Hilfe (zum Beispiel bei schweren Krisen, Essstörungen, Depressionen). Geeignete Therapeuten sowie Tipps und Infos zum Thema „Psychotherapie" findest du z.B. auf ❯ **www.therapie. de**. Du kannst auch bei Google nach Kinder- und Jugendlichen-Psychotherapeuten oder Institutsambulanzen in deiner Nähe suchen. In Institutsambulanzen arbeiten Kinder- und Jugendlichen-Psychotherapeuten in der zweiten Hälfte ihrer Ausbildung unter Anleitung erfahrener Kollegen, und oft sind die Wartezeiten dort etwas kürzer. Wichtig ist immer, dass du dich bei dem Therapeuten bzw. der Therapeutin wohlfühlst – dazu gibt es am Anfang einer Therapie stets mehrere Gespräche, in denen du schauen kannst, ob die „Chemie" zwischen euch stimmt. In einer Therapie wirst du übrigens zu nichts gezwungen – du entscheidest, was du willst und was nicht. Es kostet oft etwas Überwindung, sich zu öffnen, aber viele Jugendliche fühlen sich nach einer Therapie deutlich besser.

→ Beratung rund um Verhütung und Schwangerschaft
Pro Femina, christlich orientierte Beratung bei ungeplanter Schwangerschaft: 0 8000 60 67 67 aus Deutschland, 00 8000 60 67 67 0 aus Österreich und der Schweiz, montags bis freitags von 08:30 Uhr bis 17:30 Uhr. Oder online auf: ❯ **www.profemina.org**

Schwangerenberatung „Donum Vitae" – online und vor Ort: ❯ www.
donumvitae.org
Hilfetelefon „Schwangere in Not": 0800 40 40 020 (rund um die Uhr erreichbar) ❯ www.schwanger-unter-20.de

→ Hilfe zu den Themen Beziehungen, Sexualität und sexuelle Gewalt

Hilfetelefon Sexueller Missbrauch: 0800-22 55 530 (montags, mittwochs und freitags: 9 bis 14 Uhr, dienstags und donnerstags: 15 bis 20 Uhr) oder per Mail: beratung@hilfetelefon-missbrauch.de
Weißes Kreuz – christliche Beratung rund um die Themen Liebe und Sexualität: ❯ www.weisses-kreuz.de
Onlineberatung auf www.nina-info.de (nina steht für „Nationale Infoline, Netzwerk und Anlaufstelle zu sexueller Gewalt an Mädchen")

→ Hilfe bei Essstörungen

Beratung bei Essstörungen: ❯ www.anad.de. Hier kannst du auch in wenigen Schritten dein Essverhalten testen.
Online-Beratung des Frankfurter Zentrums für Ess-Störungen unter ❯ www.essfrust.de.
Die Bundeszentrale für gesundheitliche Aufklärung hat ebenfalls ein Internetangebot zum Thema: ❯ www.bzga-essstoerungen.de Hier gibt es auch ein Beratungstelefon, das täglich erreichbar ist.

→ Hilfen und Beratung zu den Themen Drogen und Alkohol und Porno-Sucht

Gute Infos und Tipps zum Umgang mit Alkohol findest du auf ❯ www.kenn-dein-limit.info.
Solltest du kiffen, informiere dich mal über das Angebot „Quit the shit", um deinen Konsum zu überdenken, zu reduzieren oder ganz aufzuhören. Du bekommst dort gute Tipps und kannst dich professionell begleiten lassen: ❯ www.quit-the-shit.net.
Weitere Infos über Drogen und Hilfe zu diesem Thema: ❯ auf www.drugcom.de.
Hilfreiche Infos zum Rauchen und Tipps zum Aufhören bietet die Seite ❯ www.rauch-frei.info.

Erste Tipps zum Umgang mit Suchtverhalten kannst du in diesem Buch auf ❷ **Seite 139–141** nachlesen.
Hilfe bei Porno-Sucht: ❷ **www.porno-ausweg.de**

→ Erste Hilfe bei Mobbing

Onlineberatung auf ❷ **www.nina-info.de** sowie auf
❷ **http://mobbing-schluss-damit.de/erste-hilfe**

ANMERKUNGEN

1 www.bz-berlin.de/leute/schauspielerin-nora-tschirner-rechnet-mit-schoenheits-idealen-ab (zuletzt abgerufen am 2.12.2017)

2 www.glamour.de/mode/star-style-mode/sarina-nowak-interview (zuletzt abgerufen am 2.12.2017)

3 http://diegocarloszanella.blogspot.de/2010/11/die-schonheitsideale-der-letzten-2000.html (zuletzt abgerufen am 2.12.2017)

4 www.gofeminin.de/make-up/das-finden-mannern-schon-an-frauen-s331170.html (zuletzt abgerufen am 12.12.2017)

5 www.visualstatements.net/visuals/visualstatements/es-gibt-so-sagenhaft-schoene-menschen-und-es-ist-scheissegal-wie-die-aussehen/ (zuletzt abgerufen am 21.12.2017)

6 www.eltern.de/schulkind/jugendliche/das-erste-mal.html (zuletzt abgerufen am 28.12.2017)

7 https://news.byu.edu/news/good-things-come-couples-who-wait (zuletzt abgerufen am 28.12.2017)

8 Klaus Mücke, Probleme sind Lösungen, Ökosysteme Verlag 2001, S. 57 f.

9 Max Lucado, Du bist einmalig, Hänssler Verlag 2003.

10 Josh McDowell, The Resurrection Factor, 1991 (deutsch: Die Tatsache der Auferstehung), 1993, S.19.

11 Wilbur Smith, Therefore Stand, Grand Rapids, Mich., Baker Book House, 1965, S. 425 und 584.

12 Aus: Jennifer Strickland, Du bist einzigartig. Entdecke, wie genial Gott dich gemacht hat, Gerth Medien 2017, S. 67.

Copyright © 2019 Gerth Medien GmbH,
Dillerberg 1, 35614 Asslar

Die Bibelzitate in diesem Buch wurden folgenden Bibelübersetzungen entnommen:
Hoffnung für alle, © Copyright 1983, 1996, 2002, 2015 by Biblica, Inc.®
Verwendet mit freundlicher Genehmigung des Herausgebers Fontis (Hfa)
Lutherbibel, revidiert 2017, © 2016 Deutsche Bibelgesellschaft, Stuttgart (LU)
Neues Leben. Die Bibel. © 2002 und 2006 SCM R.Brockhaus im
SCM-Verlag GmbH & CO KG, Witten (NL)
Gute Nachricht Bibel, revidierte Fassung, durchgesehene Ausgabe,
© 2000 Deutsche Bibelgesellschaft Stuttgart (GN)
Neue evangelistische Übersetzung, © 2018 by Karl-Heinz Vanheiden
www.kh-vanheiden.de (NeÜ)

1. Auflage 2019
Bestell-Nr. 817556
ISBN 978-3-95734-556-1

Umschlaggestaltung: Anna-Lisa Offermann
unter Verwendung von Shutterstock
Lektorat: Verena Keil
Satzlayout & Herstellung: Immanuel Grapentin
Satz: Uhl + Massopust GmbH, Aalen
Druck und Verarbeitung: GGP Media GmbH, Pößneck
Printed in Germany

www.gerth.de